50 EXERCICES pour PROFITER DU MOMENT PRÉSENT

Groupe Eyrolles
61, Bd Saint-Germain
75240 Paris Cedex 05

www.editions-eyrolles.com

Ancienne élève de l'École normale supérieure (1966 Lettres), après un parcours professionnel varié ponctué de nombreuses formations aux différentes techniques comportementales et cognitives, Laurence Levasseur est actuellement « jardinière de projets » individuels ou collectifs au sein du cabinet LL qu'elle a créé en 1994. Depuis 1972, elle est également comédienne et metteur en scène de théâtre.

ISBN : 978-2-212-54536-4

Laurence Levasseur

50 exercices pour profiter du moment présent

Deuxième tirage 2011

EYROLLES

Dans la même collection :

Philippe Auriol et Marie-Odile Vervisch, *50 exercices pour s'affirmer.*

Philippe Auriol et Marie-Odile Vervisch, *50 exercices pour apprendre à s'engager.*

Sophie et Laurence Benatar, *50 exercices de relooking.*

France Brécard, *50 exercices pour savoir dire non.*

Christophe Carré, *50 exercices pour maîtriser l'art de la manipulation.*

Christophe Carré, *50 exercices pour résoudre les conflits sans violence.*

Laurie Hawkes, *50 exercices d'estime de soi.*

Bernadette Lamboy, *50 exercices pour être bien dans son corps.*

Laurence Levasseur, *50 exercices pour gérer son stress.*

Laurence Levasseur, *50 exercices pour prendre la parole en public.*

Paul-Henri Pion, *50 exercices pour lâcher prise.*

Géraldyne Prévot-Gigant, *50 exercices pour développer son charisme.*

Jacques Regard, *50 exercices pour ne plus subir les autres.*

Jacques Regard, *50 exercices pour ne plus tout remettre au lendemain.*

Jacques Regard, *50 exercices pour retrouver le bonheur.*

Jean-Philippe Vidal, *50 exercices pour mieux communiquer avec les autres.*

Sommaire

Introduction

« *Carpe diem*[1] », telle était l'invitation du poète latin Horace.

Certains traduisent cette phrase par « Vivez au jour le jour ! ». Mais cette formulation est très équivoque.

En effet, vivre au jour le jour, c'est pour une grande majorité d'humains, hélas, subir une précarité qui les fait souffrir, plonger dans l'insécurité, la violence, la faim, la maladie, l'absence d'espoir, la solitude, l'horreur parfois.

Pour d'autres, c'est avoir le mode de vie insouciant d'un écervelé qui survole l'existence avec légèreté sans jamais s'impliquer ni s'engager.

« *Carpe diem* » signifie pour moi « Profitez du moment présent ». C'est une incitation à vivre pleinement le présent, sans regret du passé, sans angoisse pour le futur.

Ce petit livre n'est pas un manuel de résignation au malheur, ni d'incitation au « je-m'en-foutisme ». Il se veut au contraire un hymne à la vie.

1. « Cueille le jour présent. »

1

Définir son rapport au temps

Nous avons chacun notre propre représentation du temps qui influe sur notre façon de vivre. Le temps est-il une force supérieure qui nous entraîne ou une ressource que nous pouvons utiliser à notre guise ?

À cette posture différente par rapport au temps s'ajoute que, pour un même individu, une heure ne vaut pas une heure. En effet, qu'est-ce qui vous paraît plus long :

- cinq secondes les doigts coincés dans une portière ou cinq minutes sous une douche à température idéale ?
- une nuit d'amour ou trente minutes d'attente devant un guichet ?

Il existe un grand décalage entre le temps réel et le temps « mental ». Certains critères, comme le plaisir, la tension intellectuelle, l'efficience du temps passé ou l'enrichissement personnel, vont donner au temps des dimensions différentes.

Les exercices de cette première partie vont vous permettre de mieux comprendre votre rapport au temps.

Exercice n° 1 • Passé, présent ou futur ?

Avant de commencer, faites le point. Dans quel temps vous situez-vous le plus souvent ? « L'avenir nous tourmente, le passé nous retient, c'est pour ça que le présent nous échappe[1]. »

Pour chacune des situations ci-dessous, répartissez 10 points entre les trois attitudes proposées selon la fréquence à laquelle vous agissez.

1. Ce matin, en partant travailler, vous attendez votre bus qui n'arrive pas.

- **a)** Vous vous dites que vous auriez pu rester cinq minutes de plus au lit.
- **b)** Vous imaginez déjà les remarques de votre chef si vous arrivez en retard.
- **c)** Vous regardez autour de vous, écoutez les bribes de conversations que vous percevez, profitez du moindre rayon de soleil, détendez vos épaules...

2. À l'heure du déjeuner, vous disposez de peu de temps.

- **a)** Vous mangez un sandwich tout en préparant votre intervention de l'après-midi.
- **b)** Vous sautez le repas pour terminer la tâche que vous avez commencée.
- **c)** Vous avez plaisir à ressentir dans votre bouche le goût des aliments et vous jouez même à reconnaître les différents ingrédients.

1. G. Flaubert, *Lettre à Louise Colet.*

3. Votre nouvel amour passe vous voir rapidement.

a) Vous êtes totalement disponible pour lui.

b) Vous pensez déjà au moment où il va repartir.

c) Vous comparez son comportement avec celui de votre ex.

4. Vous venez d'arriver dans votre location de vacances au bord de la mer.

a) Vous vous précipitez sur la plage pour voir la mer et respirer un grand coup.

b) Vous vous demandez si vous n'auriez pas mieux fait de partir en club.

c) Vous faites immédiatement l'inspection des lieux et l'inventaire pour ne pas avoir de problème lorsque vous repartirez.

5. C'est dimanche soir.

a) Vous repensez à tout ce que vous aviez prévu de faire ce week-end et que vous n'avez pas pu réaliser.

b) Vous vous blottissez en famille sur le canapé devant un bon film à la télé.

c) Vous faites la liste de tout ce que vous avez à faire pendant la semaine qui vient.

6. Vous vous sentez patraque.

a) Vous cherchez qui, parmi les personnes que vous avez côtoyées ces derniers jours, a bien pu vous passer un microbe ou un virus.

b) Vous pensez à tous les problèmes professionnels et familiaux que vous allez devoir résoudre si vous n'allez pas mieux demain.

c) Vous en profitez pour vous mettre au lit tout de suite afin de récupérer.

a c b c

7. Vous êtes dans une soirée un mercredi.

a) Vous pensez à la tête que vous aurez le lendemain au bureau.

b) Vous vous amusez, dansez, faites des rencontres.

c) Vous vous dites que les fêtes ne sont plus ce qu'elles étaient quand vous aviez dix-huit ans.

8. Votre manager vous annonce une promotion à un autre poste.

a) Vous manifestez votre joie et le remerciez.

b) Vous vous dites que vous allez être obligé de quitter une équipe sympa.

c) Vous vous demandez quelle sera la prochaine étape dans votre carrière.

9. Votre aîné a dix-huit ans aujourd'hui.

a) Vous êtes un peu triste, car vous vous dites qu'il va bientôt quitter le cocon familial. Vous vous inquiétez pour son avenir.

b) Vous le félicitez et passez un bon moment avec lui à échanger sur ses centres d'intérêt avec un réel plaisir.

c) Vous repensez avec nostalgie à toutes ces années qui ont passé si vite depuis le temps où il était votre petit bébé.

10. Votre conjoint vous annonce qu'il est licencié.

a) Vous lui dites qu'il n'aurait jamais dû changer d'entreprise il y a trois ans et que, de toute façon, celle d'avant était beaucoup mieux à tout point de vue, et vous le lui démontrez.

b) Vous vous demandez comment vous allez vous en sortir financièrement à présent et vous vous mettez à faire des calculs.

c) Vous l'écoutez exprimer ce qu'il ressent et le réconfortez du mieux que vous pouvez.

baec

Analyse des réponses

Reportez le nombre de points attribué à chaque proposition dans le tableau suivant et additionnez-les par colonne.

	■	●	▲
1.	a :	c :	b :
2.	b :	c :	a :
3.	c :	a :	b :
4.	b :	a :	c :
5.	a :	b :	c :
6.	a :	c :	b :
7.	c :	b :	a :
8.	b :	a :	c :
9.	c :	b :	a :
10.	a :	c :	b :
Total :			

Si vous avez un maximum de ■, *vous avez du mal à profiter du moment présent, car vous êtes sans cesse en train de comparer ce que vous vivez à des situations passées (réelles ou fantasmées). À vivre ainsi en imagination dans des souvenirs toujours embellis ou dans d'hypothétiques présents parallèles idéalisés, vous passez sans doute à côté de moments forts de votre vie, ici et maintenant… Les exercices qui suivent peuvent vous aider à arrêter de ruminer vos regrets et à vivre le moment présent de manière agréable.*

Si vous avez un maximum de ▲, *vous avez du mal à profiter du moment présent, car vous êtes sans cesse en train de préparer l'avenir. Vous consommez votre énergie à prévoir, à programmer. Débordant d'activité, vous anticipez sans cesse des situations qui ne se réaliseront peut-être jamais. À vous projeter sans cesse dans le futur, vous éludez le présent. Vous sentez que le temps passe trop* *vite, même si vous n'avez pas l'impression de vieillir. Attention au jour où vous vous retournerez, car le temps passé ne se rattrape pas ! Les exercices qui suivent peuvent vous aider à vous poser par moments pour vivre pleinement l'instant présent.*

Si vous avez un maximum de ●, *vous savez profiter du moment présent, goûter avec délectation ou émerveillement aux moindres petits plaisirs que vous apporte le quotidien. Sans hâte ni regret, vous avancez dans la vie en sachant aussi bien vous arrêter pour ressentir l'apaisement d'un moment « zen », que vous laisser emporter dans l'intense tourbillon d'un élan passionné. Les exercices qui suivent peuvent vous aider à savourer encore plus intensément ce que vous appréciez déjà.*

Exercice n° 2 • Comment vivez-vous l'instant présent ?

Ce test est inspiré des travaux de Christophe André, psychiatre, psychothérapeute et auteur de nombreux essais destinés au grand public.

Pour chacune des situations ci-dessous, répartissez 10 points entre les trois attitudes proposées selon la fréquence à laquelle vous agissez.

1. Pour prévenir le stress, vous préférez :

a) vous plonger dans un bon film ou un bon livre.

b) bricoler ou jardiner.

c) marcher seul en forêt.

2. Sur cette terre, vous ne pourrez jamais :

- **a)** être oisif.
- **b)** être blasé.
- **c)** vivre en ermite.

3. On vous invite à une retraite silencieuse d'une semaine.

- **a)** Vous refusez, car cela vous angoisse.
- **b)** Vous acceptez avec plaisir d'aller vivre dans le silence et la lenteur.
- **c)** Vous avez envie d'essayer, pour rompre avec la routine.

4. Votre paysage mental ressemble à :

- **a)** un jardin à l'anglaise.
- **b)** un jardin à la française.
- **c)** un jardin zen.

5. L'intelligence de la vie, c'est :

- **a)** réfléchir et agir.
- **b)** accueillir les plaisirs.
- **c)** se sentir exister.

6. Faire plusieurs choses en même temps,

- **a)** cela vous amuse. C'est plus de vie dans la vie !
- **b)** cela ne vous plaît pas. Vouloir tout faire, c'est ne rien faire vraiment.
- **c)** c'est obligatoire. On ne peut pas faire autrement, on manque tellement de temps...

7. Vous venez de perdre un être cher.

a) Vous essayez de ne pas trop ruminer pensées ou émotions tristes.

b) Vous vous remémorez les bons moments passés avec lui.

c) Vous vous laissez envahir par la tristesse.

8. Vous dégustez un délicieux repas dans un très bon restaurant avec des amis, mais le service est vraiment lent.

a) Vous n'y faites pas attention.

b) Vous le remarquez, mais cela ne vous empêche pas de profiter du moment.

c) Vous le remarquez et cela vous agace.

9. Lorsque vous avez des soucis :

a) vous cherchez à régler le problème.

b) vous tâchez de vous changer les idées en vous livrant à différentes activités.

c) vous faites en sorte de vous détendre pour vous apaiser.

10. Quand vous sentez-vous le plus heureux ?

a) Avant un moment heureux attendu, car vous en rêvez, vous vous imaginez déjà en train de le vivre.

b) Pendant un moment heureux, car vous le savourez intensément.

c) Après un moment heureux, car vous le revivez en pensées.

Analyse des réponses

Reportez dans le tableau ci-dessous le nombre de points attribué à chaque proposition et additionnez-les par colonne.

	Présence	**Ouverture**	**Lucidité**
1	c :	a :	b :
2	b :	c :	a :
3	b :	c :	a :
4	b :	a :	c :
5	c :	b :	a :
6	a :	c :	b :
7	b :	a :	c :
8	c :	a :	b :
9	a :	c :	b :
10	a :	b :	c :
Total :			

***Vous avez un maximum de points en « Présence » :** votre présence à l'instant est intense et profonde, vous vous concentrez sur ce qui vous paraît être l'essentiel. Pour vous, habiter l'instant présent, c'est s'y soumettre, se fondre avec lui, en accueillir toute la plénitude.*

***Vous avez un maximum de points en « Ouverture » :** votre présence à l'instant est ouverte et multiple, vous partagez votre attention entre tous les éléments et personnes qui vous entourent. Pour vous, l'instant présent est riche d'une infinité de sensations et d'émotions. Et le vivre pleinement, c'est vous ouvrir à tout cela, de toutes vos forces.*

***Vous avez un maximum de points en « Lucidité » :** votre présence à l'instant repose sur la maîtrise et l'analyse. Quel plaisir pour vous de comprendre l'instant présent, de le contrôler et de vous y engager !*

Exercice n° 3 • « Organisation » ou « improvisation » ?

Pour chaque question du tableau suivant, entourez la réponse qui vous paraît la plus proche de la réalité.

	Jamais	Presque jamais	Parfois	Assez souvent	Très souvent
a. Faites-vous une liste avant de partir faire vos courses ?	0	1	2	3	4
b. Préparez-vous vos vacances un an à l'avance ?	0	1	2	3	4
c. Planifiez-vous tous les rendez-vous chez le médecin pour vous et votre famille à la rentrée ?	0	1	2	3	4
d. Vous est-il arrivé de partir rejoindre un ami en province dans l'heure qui a suivi un appel téléphonique ?	0	1	2	3	4
e. Vos amis peuvent-ils s'inviter à dîner chez vous de façon impromptue n'importe quel soir ?	0	1	2	3	4
f. Achetez-vous un vêtement qui vous « tape dans l'œil » même si vous n'en avez pas vraiment besoin ?	0	1	2	3	4
g. Dans une ville étrangère, partez-vous à l'aventure dans les rues sans guide ni plan ?	0	1	2	3	4
h. Savez-vous ce qu'il y a dans tous vos placards ?	0	1	2	3	4

i. Attendez-vous que votre réfrigérateur soit vide pour aller faire des courses ?	0	1	2	3	4
j. Au bureau, arrivez-vous en réunion ou en entretien sans avoir rien préparé ?	0	1	2	3	4
k. Achetez-vous des guides que vous étudiez pour préparer vos voyages ?	0	1	2	3	4
l. Êtes-vous mécontent quand votre manager vous confie un nouveau travail en urgence ?	0	1	2	3	4
m. Vous bricolez-vous une tenue de dernière minute pour vous rendre à une soirée ?	0	1	2	3	4
n. Connaissez-vous le planning hebdomadaire de chaque membre de la famille ?	0	1	2	3	4

Analyse des réponses

Reportez dans le tableau suivant, pour chaque question, le nombre de points que vous lui avez attribué, puis additionnez-les horizontalement.

a : 2	b : 0	c : 0	h : 4	k : 2	l : 2	n : 3	**Total :** 13	
d : 2	e : 3	f : 2	g : 2	i : 2	j : 1	m : 3	**Total :** 15	

- ***Si vous avez un maximum de*** ***,*** *vous êtes plutôt « organisation ».*

  Si vous avez moins de 20 points, *vivre au jour le jour est une notion qui vous est étrangère. Vous savez cependant savourer parfois l'instant présent, du moment que vous vous êtes assuré qu'aucun imprévu fâcheux ne peut venir le gâcher.* ***Si vous avez plus de 20 points,*** *votre quotidien est tellement rigoureusement encadré que vous risquez de vous priver des plaisirs imprévus apportés par la vie.*

- ***Si vous avez un maximum de*** **,** *vous êtes plutôt « improvisation ».*

  Si vous avez moins de 20 points, *vous savez vous offrir des moments de liberté durant lesquels le plaisir de l'instant étincelle de manière impromptue.*

  Si vous avez plus de 20 points, *vous vivez comme la plume au vent, porté par les événements. Attention cependant de ne pas vous perdre dans l'inconnu hostile !*

Exercice n° 4 • Êtes-vous angoissé par le futur ?

Pour chacune des propositions ci-dessous, entourez le chiffre qui vous correspond.

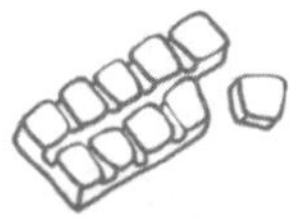

	Jamais	Rarement	Parfois	Fréquemment	Toujours
Dans une foule, vous vous sentez mal à l'aise, car vous avez peur d'être pris au piège en cas d'incident.	0	1	2	3	4
Dès que vous êtes un peu malade, vous pensez que cela peut être le début d'une grave maladie et vous imaginez la suite.	0	1	2	3	4
Quand vous devez sortir la nuit dans la rue, vous pensez aux agressions possibles.	0	1	2	3	4
Si l'on vous propose un voyage dans un pays lointain, vous refusez, car vous avez peur de tomber malade ou d'avoir un accident là-bas.	0	1	2	3	4

Vous ne dormez pas de la nuit quand vous devez prendre la parole en public le lendemain.	0	1	2	3	4
En avion, vous restez crispé tout le temps du vol, attendant le crash ou la prise d'otages.	0	1	2	3	4
Quand votre manager vous convoque, vous êtes sûr que c'est pour vous annoncer votre licenciement.	0	1	2	3	4
Vous êtes persuadé que lorsque vous arriverez à l'âge de la retraite, vous n'aurez plus de quoi vivre.	0	1	2	3	4
Vous vérifiez régulièrement votre respiration, vos battements de cœur, votre tension, votre température pour contrôler que tout est normal.	0	1	2	3	4
Quand vous vous réveillez le matin, vous vous demandez ce qui va encore venir vous gâcher la journée.	0	1	2	3	4

Analyse des réponses

Additionnez les chiffres entourés. ***Total :*** ____________

Si vous avez moins de 20 points, *vous vivez plus dans le présent que dans un futur aux teintes sombres.*

Si vous avez entre 20 et 30 points, *vous vivez plus dans un futur hypothétiquement sombre que dans l'instant présent. Vous vous projetez dans des sensations et des sentiments négatifs (non fondés d'après Fritz Perls[1], qui montre que, sur 100 % de nos soucis, seulement 8 % sont légitimes[2]).*

1. Psychiatre et psychanalyste allemand, fondateur de la Gestalt-thérapie.
2. Les études statistiques démontrent que parmi les choses qui nous inquiètent, 40 % ne se produiront jamais ; 30 % se sont déjà produites ; 12 % concernent la santé mais ne sont pas fondées ; 10 % concernent des soucis divers dont les effets s'annulent souvent ; 8 % sont légitimes et méritent notre attention.

Si vous avez entre 30 et 40 points, *vous êtes absent de votre vie réelle. Vous vivez dans l'angoisse continuelle d'un futur semé d'embûches, de problèmes, d'accidents, de catastrophes. Peut-être même votre stress extrême vous fait-il vivre des crises de panique ? Prenez la situation au sérieux et faites-vous aider par un professionnel.*

Exercice n° 5 • Êtes-vous miné par les regrets ?

Pour chacune des propositions ci-dessous, entourez le chiffre qui vous correspond.

	Rarement	Parfois	Fréquemment	Toujours	Jamais
Vous pensez avec nostalgie aux jours heureux de votre enfance qui ne reviendront jamais.	0	1	2	3	4
Vous évoquez votre premier amour et vous vous demandez ce qu'il est devenu.	0	1	2	3	4
Vous pensez aux incompréhensions et aux disputes avec vos ex qui ont fait que vous vous êtes séparés.	0	1	2	3	4
Vous regrettez de ne pas avoir fait des études qui vous auraient conduit vers un métier plus lucratif.	0	1	2	3	4
Lorsque vous passez devant un lieu de votre enfance, vous trouvez qu'il est défiguré.	0	1	2	3	4

Vous pensez à tout ce que vous auriez voulu dire et que vous n'avez pas dit aux proches qui ont disparu.	0	1	2	3	4
Vous sortez d'un entretien professionnel en listant tout ce que vous avez oublié de dire, tout ce que vous n'avez pas osé dire et tout ce que vous auriez dû dire.	0	1	2	3	4
Vous faites un grand nombre de boutiques avant de choisir un vêtement et quand vous avez effectué votre achat, vous vous remémorez tous les avantages des habits que vous n'avez pas choisis.	0	1	2	3	4
Vous trouvez que vos enfants grandissent trop vite et que vous n'avez pas le temps d'en profiter.	0	1	2	3	4
Vous regardez les photos de votre jeunesse et vous vous trouvez mille fois plus séduisant qu'aujourd'hui.	0	1	2	3	4

Analyse des réponses

Additionnez les chiffres entourés. ***Total :*** ______________

Si vous avez moins de 20 points, *vous vivez plus dans le présent que dans le passé, vous pouvez donc profiter pleinement de chaque instant.*

Si vous avez entre 20 et 30 points, *vous vivez plus dans les regrets d'un passé idéalisé que dans le moment présent. Accordez davantage d'attention à ceux qui vous entourent et à ce qui vous arrive. Accueillez le présent !*

Si vous avez entre 30 et 40 points, *vous êtes absent de votre vie actuelle, occupé à ruminer dans la tristesse, à regretter des passés imaginaires. Vous laissez s'échapper votre existence comme du sable entre vos doigts. Attention, la dépression vous guette ! Prenez la situation au sérieux et faites-vous aider par un professionnel.*

Exercice n° 6 • Comment utilisez-vous votre temps ?

Ce test s'inspire des travaux de Lise Bartoli, psychologue clinicienne, psychothérapeute et hypnothérapeute.

Pour chacune des situations ci-dessous, entourez le symbole de la proposition qui vous correspond le mieux.

1. Les fêtes de fin d'année approchent, c'est le moment d'envoyer vos vœux.

▲ Vous vous dites que vous avez jusqu'à la fin du mois de janvier pour le faire.

■ Vous envoyez vos vœux au fur et à mesure que vous pensez à quelqu'un.

● Vous envoyez en une fois un e-mail de bons vœux à tout votre carnet d'adresses.

◆ Vous établissez une liste pour n'oublier personne et vous écrivez un message personnalisé à chacun.

2. Votre meilleure amie a rencontré l'homme de sa vie, qui ne s'est pas encore déclaré. Vous lui dites :

■ « Savoure ! Ce sont les meilleurs moments... »

▲ « Tu es sûre qu'il est vraiment amoureux ? »

◆ « Il est peut-être timide, sois patiente. »

● « Je ne sais pas comment tu fais pour attendre. »

3. Au mois de janvier, des amis vous invitent à passer une semaine cet été chez eux à la campagne.

- ■ Vous acceptez l'invitation avec joie.
- ◆ Vous n'êtes pas emballé, mais ils sont tellement gentils que vous n'osez pas refuser.
- ● Vous déclinez leur offre, car vos vacances sont déjà organisées depuis longtemps.
- ▲ Vous refusez, car il est trop tôt pour vous décider.

4. Aller vous faire masser de temps en temps, c'est :

- ● une manière efficace de recharger vos batteries.
- ▲ un moyen pour vous évader et oublier vos contraintes.
- ◆ un rêve… qui ne se réalise jamais.
- ■ une nécessité pour vous ressourcer.

5. Quand vous étiez enfant et que vous rêvassiez, vos parents vous disaient :

- ▲ « Qu'est-ce que tu peux perdre comme temps ! »
- ◆ « Tu ferais mieux de ranger ta chambre. »
- ● « À ton âge, Mozart composait déjà des symphonies. »
- ■ « Profites-en ! Quand on est grand, on n'a plus le temps de rêver. »

6. Vous croisez un ami dans la rue, il vous invite à son anniversaire dans quinze jours. Vous lui répondez :

- ▲ « Je ne sais pas encore si je pourrai venir, je t'appellerai. »
- ● « Impossible, tu aurais dû me prévenir plus tôt… »
- ◆ « Comme d'habitude, je viendrai t'aider à tout préparer. »
- ■ « Super ! Je serai là ! »

7. Le dimanche, vous aimez :

- ▲ faire la grasse matinée et traîner en pyjama.
- ■ vous laisser aller à l'inspiration du moment.
- ● faire le ménage et le repassage.
- ◆ écrire les courriers administratifs en retard pour vos parents et amis.

8. Après avoir présenté un projet en réunion, vous ajoutez :

- ▲ « Je l'ai préparé vite fait, mais cela donne une idée. »
- ■ « J'espère que vous êtes aussi emballés que moi... »
- ● « J'ai travaillé sur ce projet jour et nuit. »
- ◆ « J'ai conçu ce projet en tenant compte des exigences de chacun. »

9. En vous rendant à un dîner, vous croisez un ami d'enfance que vous aviez perdu de vue. Vous lui dites :

- ■ « J'annule mon dîner et je t'invite au resto ! »
- ▲ « Prends mon numéro et appelle-moi, cela me fera plaisir. »
- ◆ « Viens ! On va prendre l'apéro. J'arriverai en retard à mon dîner... »
- ● « On tente un déjeuner mardi en quinze ? »

10. Au collège, lorsque vous deviez faire un exposé avec d'autres élèves :

- ● vous faisiez un plan et assigniez à chacun une partie précise.
- ▲ vous les laissiez tout préparer.
- ■ vous transformiez la séance de travail en partie de plaisir.
- ◆ vous prépariez tout.

11. Votre portable sonne au moment où vous allez plonger dans la baignoire.

◆ Vous répondez, c'est peut-être urgent.

■ Vous l'éteignez tout de suite pour être tranquille.

● Vous demandez à votre interlocuteur de vous rappeler dans vingt minutes.

▲ Vous attendez qu'on vous laisse un message pour l'écouter.

12. Vous avez sommeil, mais l'un de vos invités tarde à partir.

▲ Vous allez vous coucher en lui disant de faire ce qu'il veut.

● Vous lui dites que vous aimeriez bien qu'il rentre chez lui, car vous tombez de sommeil.

◆ Vous restez éveillé pour lui faire plaisir.

■ Vous profitez encore un peu de sa présence et vous vous endormez sur le canapé.

Analyse des réponses

Comptez le nombre de symboles de chaque sorte.

■ : ____________________ ● : ____________________

◆ : ____________________ ▲ : ____________________

Vous avez une majorité de ■, *vous savez prendre votre temps. Vous semblez posséder une belle souplesse dans votre organisation, et vous préférez profiter de la vie plutôt que de vous angoisser.*

Vous avez une majorité de ▲, *vous procrastinez[1] trop souvent. Pourquoi toujours repousser les échéances ? Votre stratégie peut masquer une peur de la critique et de l'échec.*

Vous avez une majorité de ●, *vous êtes toujours débordé. Vous êtes dans l'urgence en permanence, et votre agenda est surchargé. Que fuyez-vous ?*

1. Vous remettez à plus tard.

Vous avez une majorité de ■, *vous vous faites voler votre temps. Vous ne refusez aucune demande, toujours attentif aux besoins des autres. Vous vous oubliez trop souvent.*

Exercice n° 7 • Savez-vous lâcher prise ?

Ce test s'inspire des travaux de Lise Bartoli.

Pour chacune des situations ci-dessous, entourez le symbole de la proposition qui vous correspond le mieux.

1. Vous déménagez demain et il vous reste encore toute la vaisselle à emballer.

- ■ Vous préférez le faire vous-même, c'est plus prudent.
- ● Vous invitez vos amis à venir vous aider à empaqueter les objets fragiles.
- ▲ Vous demanderez demain aux déménageurs de le faire.
- ◆ Vous aimeriez de l'aide, mais vous n'osez déranger personne.

2. Votre conjoint vous invite pour un week-end surprise.

- ● Rien que l'idée d'une surprise vous enchante déjà.
- ▲ Vous êtes ravi qu'il s'occupe de tout.
- ◆ Vous aimeriez mieux rester tranquillement chez vous, mais cela lui fait tellement plaisir !
- ■ Vous exigez de connaître votre destination.

3. Vous retrouvez un paquet de lettres de votre ex.

- ● Vous les relisez avant de les jeter.
- ◆ Vous gardez celles qui vous touchent le plus.
- ■ Vous conservez tout le paquet.
- ▲ Vous les jetez sans les relire.

4. Dans votre enfance, quand vous refusiez de finir votre assiette, vous entendiez :

- ■ « Tu ne sortiras pas de table tant que tu n'auras pas tout fini ! »
- ◆ « Tu pourrais faire un effort pour nous faire plaisir ! »
- ▲ « Prends un dessert à la place, si tu préfères. »
- ● « Ce n'est pas grave, tu mangeras mieux ce soir. »

5. Vous attendez une réponse pour un nouveau job, et vous êtes invité à partir en vacances une semaine.

- ▲ Vous partez et ne pensez plus à ce travail.
- ● Vous partez et appelez votre répondeur régulièrement.
- ■ Sans hésiter, vous restez pour répondre présent.
- ◆ Vous restez, car vous avez peur de faire mauvaise impression.

6. Votre fille de seize ans vous annonce qu'elle veut être chanteuse.

- ▲ Vous vous moquez d'elle. Toutes les filles de son âge ont le même rêve...
- ◆ Vous partez en quête d'un bon professeur de chant.
- ■ Vous lui expliquez qu'elle n'est pas faite pour cela.
- ● Vous lui dites : « OK, vas-y ! »

7. Vous venez d'arriver au bureau et vous vous demandez soudain si vous avez bien fermé la porte de votre appartement.

- ◆ Vous attendez dans l'angoisse l'heure du déjeuner pour aller vérifier.
- ■ Vous retournez chez vous sur-le-champ.
- ● Vous vous rassurez en vous disant que vous l'avez sûrement fermée de manière automatique.
- ▲ Vous chassez vite cette idée de votre esprit.

8. Votre nouveau coiffeur vous propose un massage de tête.

- ● Quel bonheur, vous en rêviez !
- ◆ Vous acceptez en songeant déjà au supplément que vous allez payer.
- ▲ Vous acceptez pour essayer.
- ■ Vous n'avez pas le temps, vous refusez.

9. Vous deviez présenter un projet important en réunion ce matin, mais vous êtes malade.

- ● Vous téléphonez pour reporter votre présentation à un autre jour.
- ■ Vous vous bourrez de médicaments pour assurer au mieux votre présentation.
- ◆ Vous vous confondez en excuses auprès de chaque participant.
- ▲ Vous restez tranquillement au chaud sous la couette.

10. En classe, lorsque vous aviez un devoir à faire :

- ◆ vous le faisiez et le repassiez à vos camarades qui n'y arrivaient pas.
- ▲ vous le faisiez à la dernière minute, en copiant parfois sur un camarade.
- ■ vous le recommenciez jusqu'à ce qu'il soit parfait.
- ● vous le faisiez quelques jours avant pour être tranquille.

11. Votre meilleure amie se plaint d'être seule. Vous lui conseillez :

▲ « Va en discothèque ! »

● « Organise une fête et invite plein d'amis ! »

■ « Inscris-toi à un club de gym ! »

◆ « Sois moins exigeante ! »

12. En vacances chez votre sœur, vous vous faites une entorse et êtes immobilisé.

■ Vous êtes irrité, vos vacances sont gâchées.

◆ Vous êtes désolé de vous sentir inutile.

▲ Vous êtes ravi de n'avoir rien à faire.

● Vous en profitez pour lire des histoires aux enfants et organiser des jeux.

Analyse des réponses

Comptez le nombre de symboles de chaque sorte.

■ : ____________________ ● : ____________________

◆ : ____________________ ▲ : ____________________

Vous avez une majorité de ■ : *vous aimez garder le contrôle. Vous avez un esprit pratique qui vous permet de diriger votre vie et de tout organiser avec facilité. Vous aimez être sans cesse occupé et ne supportez pas de ne pas maîtriser une situation.*

Vous avez une majorité de ▲ : *vous tendez à la nonchalance et vous résistez facilement aux pressions quotidiennes. Vous avez un grand détachement par rapport à tout ce qui peut vous arriver.*

Vous avez une majorité de ● : *vous êtes adepte du lâcher prise. Lorsqu'une situation vous déplaît ou lorsque vous n'arrivez plus à y voir clair, vous avez une grande facilité à relâcher la pression. Une profonde estime de vous-même est sans doute à l'origine de cette faculté.*

Vous avez une majorité de ◆ : *vous vous préoccupez trop des autres. Dès que vous avez un moment de libre, c'est pour vous occuper d'eux. Vous vous sentez égoïste et vous culpabilisez dès que vous vous consacrez un instant.*

Exercice n° 8 • Quels sont vos freins ?

Entourez le symbole en bout de ligne pour les propositions qui vous concernent.

J'ai souvent des petits bobos (migraines, maux de gorge...).	▲
J'éprouve du plaisir à faire plusieurs choses à la fois.	■
Je pense qu'il vaut toujours mieux se préparer au pire.	●
Je tiens à mes petites habitudes.	◆
J'ai besoin de savoir ce qui se passe autour de moi, de rester informé, en contact.	▽
Je me dis souvent : « J'aurais dû... » ou : « Si j'avais su... »	▲
J'ai du mal à supporter la nonchalance.	■
J'entends autant les paroles que les non-dits.	●
J'admire ceux qui quittent tout pour vivre leur rêve.	◆
J'ai du mal à dire non.	▽
J'ai tendance à ressasser les petits événements désagréables.	▲
J'ai souvent des tensions nerveuses et musculaires.	●
Mes réveils nocturnes sont assortis d'angoisses.	●

J'ai souvent le sentiment de ne pas avoir assez de temps pour tout faire.	■
Je n'aime pas faire le premier pas, en amour comme au travail.	◆
Je ne me sens pas vraiment à l'aise quand je suis seul.	▽
Quand on me complimente, je me dis que c'est uniquement par politesse.	▲
Il m'est difficile d'identifier avec précision mes émotions.	■
Avec moi, un grain de sable peut devenir une dune d'inquiétude.	●
J'apprécie de vivre (en couple ou en famille) dans mon cocon.	◆
J'ai le sentiment de ne pas être assez visible.	▽
J'ai du mal à rester présent lorsque j'écoute les autres.	▲
Mon téléphone ne me laisse pas de répit.	■
J'ai peu déménagé au cours de ma vie d'adulte.	◆
Planifier m'apporte un sentiment d'apaisement.	●
Je suis plus fourmi que cigale.	◆
J'aimerais être moins dépendant du jugement d'autrui.	▽
Travailler en vacances quand on aime ce que l'on fait, ce n'est pas du travail.	■
Me sentir utile me rassure.	▽
J'ai de la repartie, mais toujours en décalé.	▲
Je me sens souvent en colère.	▲
J'aimerais bien méditer, mais je n'ai pas le tempérament adéquat.	■
J'envie les insouciants et les natures bohèmes.	●
Je dis souvent que je devrais changer complètement de vie.	◆
La reconnaissance est mon principal carburant.	▽

Analyse des réponses

Comptez le nombre de symboles de chaque sorte :

■ : ____________________ ● : ____________________

◆ : ____________________ ▲ : ____________________

▽ : ____________________

Si vous avez obtenu au moins 4 points pour l'un de ces symboles, *vous avez ce frein en vous qui vous empêche de vivre l'instant présent avec sérénité.*

Vous avez obtenu au moins 4 ▽ : *vous avez peur de l'exclusion. Votre hantise ? Être tenu à l'écart, dépassé, mis sur la touche. En permanence sur le qui-vive, vous êtes souvent irritable et stressé. L'idée même de lâcher prise est pour vous anxiogène, car vous assimilez cette notion à la reddition. Vous devez apprendre à neutraliser cette croyance très coûteuse en énergie, et vous convaincre que c'est en vous, ici et maintenant, que l'essentiel se passe.*

Vous avez obtenu au moins 4 ◆ : *vous craignez l'inconnu. Les habitudes structurent votre existence. Vous avez tendance à vous replier dans votre coquille dès que votre paysage géographique, relationnel ou professionnel est modifié, car vous n'avez pas confiance dans votre capacité à trouver en vous les ressources nécessaires pour vous adapter. Un changement de posture intérieure vous permettra de goûter progressivement au plaisir de la découverte et à la légèreté que procure le renoncement au contrôle absolu.*

Vous avez obtenu au moins 4 ▲ : *vous pratiquez la rumination mentale. Projections anxieuses dans le futur et retours nostalgiques dans le passé occupent les trois quarts de votre temps. La rumination mentale se nourrit en général de colère souterraine et de frustration. Elle vous isole, vous vide de votre énergie et vous empêche de ressentir détente et plaisir. Pour vous « déprogrammer », vous devez apprendre à évacuer vos toxines mentales.*

Vous avez obtenu au moins 4 ■ : *vous souffrez d'une angoisse du vide. Vous avez besoin d'adrénaline, de défis et de turbulences pour vous sentir exister vraiment. Faire une pause ou, pire, une seule chose à la fois équivaut pour vous à une punition. Cela vous prive de ce que vous aimez le plus au monde (l'action), et vous laisse* *du temps pour ressentir ce que vous tentez de fuir, plus ou moins consciemment (vous avez peur de vous retrouver débordé par un flot d'émotions incontrôlables). Pour ralentir la course, commencez par prendre conscience de votre présence physique et développez vos capacités d'autoapaisement.*

Vous avez obtenu au moins 4 ● : *vous êtes un éternel anxieux. Il y a toujours en vous une inquiétude diffuse, la certitude que le danger vous guette. Vous ne pensez pas avoir en vous les ressources nécessaires pour surmonter les difficultés qui pourraient se présenter. Tout se passe comme si vous n'aviez pas conscience d'avoir fait plusieurs fois vos preuves par le passé (trouver un travail, nouer une relation amoureuse, etc.). Pour couper court aux effets toxiques de cette anxiété, une seule solution : apprendre à relativiser.*

2

Vivre ici et maintenant

Le poète latin Horace incitait son lecteur à savourer le présent, dans la mesure où le futur est incertain, tout étant appelé à disparaître : « *Carpe diem*[1]. » Cette phrase, reprise par Ronsard dans son célèbre « Cueillez dès aujourd'hui les roses de la vie[2] », est devenue une véritable devise épicurienne.

Naturellement, nous avons du mal à suivre cette invitation, car comme l'observe Blaise Pascal : « Nous ne nous tenons jamais au temps présent. Nous rappelons le passé ; nous anticipons l'avenir comme trop lent à venir, comme pour hâter son cours[3]. »

Les exercices de cette partie vont vous aider progressivement à vous détacher de vos habitudes pour mieux profiter du moment présent.

1. « Cueille le jour présent. »
2. « Sonnets pour Hélène », *Les Amours*.
3. *Pensées*.

Exercice n° 9 • Une journée sans musique

Si vous faites partie de ces personnes qui ne peuvent se déplacer dans la rue ou dans les transports en commun sans écouteurs sur les oreilles, cet exercice vous permettra de vous « rebrancher » sur les bruits de la vie.

Suivez courageusement les consignes ci-dessous.

1. La veille du jour fixé, retirez votre lecteur de musique portable de votre poche ou de votre sac et posez-le en lieu sûr. (Si c'est votre téléphone, rangez uniquement les écouteurs.)

2. Le lendemain matin, partez tranquillement à l'heure habituelle. Si vous vous mettez machinalement à chercher votre appareil, rappelez-vous que vous l'avez laissé exprès chez vous.

3. Dans la rue, écoutez les bruits qui vous entourent, repérez leur origine, essayez de saisir au vol quelques mots, un accent, des inflexions de voix... Dans les transports en commun, écoutez les remarques ou les conversations autour de vous. Vous allez sûrement capter une aventure racontée au téléphone ou des confidences échangées entre copines. Laissez-vous aller aux pensées et sentiments que les propos entendus éveillent en vous.

4. Le soir venu, faites le point. Comment avez-vous vécu cette journée ?

Commentaire et variante

Faites cet exercice de temps en temps pour vous redonner l'envie d'être davantage ancré dans la réalité.

Voici une variante pour ceux qui ont l'habitude de faire du jogging en musique. La prochaine fois que vous allez courir, laissez votre appareil chez vous. Rendez-vous dans un espace vert, et tout en courant, écoutez les bruits de la nature : les feuilles qui craquent sous vos pas, le vent dans les arbres, les oiseaux... Prêtez attention à votre souffle, au rythme de vos pieds qui frappent le sol, aux sensations de votre corps.

Exercice n° 10 • Une journée sans portable

Qui n'est pas accro de nos jours à son téléphone portable ? Ce petit objet est devenu notre compagnon le plus fidèle. Essayez pour une courte ou longue journée de couper ce fil à la patte, ce cordon ombilical, ce leurre affectif qui rend présents ceux qui sont loin et vous empêche d'être vraiment « ici ».

Suivez courageusement les consignes ci-dessous.

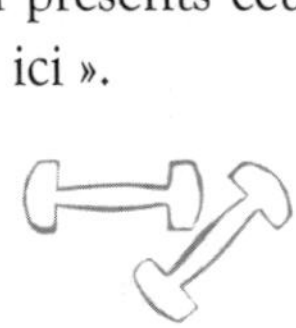

1. La veille du jour fixé (ou le matin même si votre portable vous sert de réveil), éteignez votre téléphone et rangez-le dans un tiroir ou un placard pour ne pas le voir.

2. Le matin, préparez-vous, prenez votre petit-déjeuner et partez tranquillement à l'heure habituelle (regardez une pendule ou écoutez la radio pour connaître l'heure...). Si vous avez l'impression d'avoir oublié quelque chose, répétez-vous : « Aujourd'hui, journée sans portable ! »

3. Sur le chemin, vous ne risquez pas de vous faire arrêter par un policier en téléphonant au volant, ou d'importuner les autres voyageurs des transports en commun en racontant vos aventures à un ami. Durant la journée, vous êtes moins souvent interrompu. Soyez rassuré, votre conjoint, la crèche et l'école ont aussi le numéro fixe de votre lieu de travail, si jamais ils voulaient vous joindre en urgence. Enfin, pour obtenir l'heure, vous pouvez regarder votre montre, les pendules ou l'horloge de votre ordinateur, ou la demander à quelqu'un.

4. Chaque fois que vous avez une « pulsion d'appel », notez le nom de la personne que vous désirez appeler et ce que vous voudriez lui dire.

- -

- -

- -

- -

5. Quand vous rentrez chez vous, commencez par embrasser vos proches, prenez de leurs nouvelles et écoutez ce qu'ils ont à vous dire. Vous pouvez enfin aller chercher votre portable, écouter vos messages, regarder vos textos et y répondre.

6. Regardez ensuite la liste de vos « pulsions d'appel » et demandez-vous si ces contacts vous ont vraiment manqué et pourquoi. Vous pouvez téléphoner aux personnes de la liste que vous avez vraiment besoin ou encore envie de joindre.

7. Enfin, faites le point. Comment avez-vous vécu cette journée ?

Commentaire et variante

Faites cet exercice de temps en temps pour vous libérer de votre addiction et vivre davantage ici et maintenant.

Voici une variante pour les plus courageux. Suivez les consignes précédentes, mais en rentrant chez vous le soir, occupez-vous du dîner et des autres tâches domestiques ou parentales qui vous incombent. Préparez-vous à aller vous coucher et n'allez rechercher votre portable qu'à ce moment-là.

Exercice n°11 • Une journée sans télévision

La télévision est souvent allumée dans les foyers, telle une présence familière, discrète ou envahissante. Mais finalement, la regardez-vous vraiment ? Osez l'expérience suivante !

Suivez courageusement les consignes ci-dessous.

1. La veille du jour fixé, débranchez la télévision, rangez éventuellement le câble d'alimentation, et prévenez vos proches qu'ils ne pourront pas la regarder le lendemain.

2. Le matin, si vos enfants la réclament, rappelez-leur qu'elle ne fonctionne pas aujourd'hui et interrogez-les sur ce qu'ils aiment faire d'autre, sur les activités qu'ils ont prévues dans la journée, ou même sur les émissions qu'ils apprécient… Si vous tenez vraiment à avoir les informations, allumez la radio.

3. Avant de partir travailler, si vous avez des enfants qui doivent se gérer seuls après l'école en attendant le retour d'un parent, préparez des petits mots personnalisés pour chacun d'eux leur rappelant ce qu'ils doivent faire (devoirs, tâches domestiques, etc.) et ce qu'ils peuvent faire (activités manuelles, artistiques, lectures, jeux, etc.). Joignez-y du matériel adapté à leur âge (règles du jeu, fiches d'activité, recettes de cuisine, etc.). Prévoyez un goûter sympathique et laissez vos messages bien en évidence.

4. Quand vous rentrez chez vous, *si vous êtes seul*, consacrez un moment à quelque chose qui vous fait vraiment plaisir : soin de beauté, apéro en musique, lecture distrayante ou passionnante, bricolage… Puis, selon votre humeur, organisez-vous une soirée cocooning, appelez des amis dont vous n'avez plus de nouvelles depuis longtemps, invitez des proches ou sortez. *Si vous êtes en couple*, bavardez de tout et de rien avec votre conjoint, mais aussi de sujets que vous n'aviez pas le temps d'aborder ou que vous n'osiez pas lancer. Profitez ainsi d'une véritable soirée en tête à tête. *Si vous retrouvez vos enfants*, prenez le temps de voir avec chacun si ce que vous lui aviez proposé dans votre message lui a plu et s'il l'a finalement fait. Préparez le repas en famille avec ceux qui ont envie de participer et après le dîner, suivant l'âge de vos enfants, organisez un jeu collectif, faites partager votre jeu de société préféré, racontez-leur et faites-leur raconter des histoires… Si d'autres membres de la famille sont présents (grands-parents, cousins, etc.), intégrez-les dans ces activités, qui peuvent alors se scinder en plusieurs pôles, suivant les centres d'intérêt de chacun.

5. Le soir venu, faites le point. Comment avez-vous vécu cette journée ?

\- -

\- -

Commentaire

Quand vous vous coucherez le soir, vous vous sentirez peut-être un peu plus fatigué que d'habitude, mais ô combien plus vivant, plein d'énergie. Le bruit de fond de la télévision éloigne la solitude, noie les silences et les cris, mais il fait aussi écran aux véritables relations interpersonnelles au sein du couple ou de la famille. Le fait de bannir le « petit écran » pendant une journée quand on n'en a pas l'habitude permet de retrouver des rapports plus conviviaux et incite à la communication.

Faites cet exercice de temps en temps pour introduire davantage de liberté et d'échanges dans votre vie.

Exercice n° 12 • Une journée sans Internet

Internet a supplanté la télévision dans de nombreux foyers en ce qui concerne le temps passé devant un écran. Or Internet nous plonge dans le virtuel : nous pouvons échanger avec le monde entier, mais aussi nous transporter dans d'autres coins du globe ou d'autres univers, vivre d'autres vies grâce à nos avatars et à nos pseudos. Voici un exercice qui vous ramènera toute une journée dans la « vraie vie » et vous permettra de l'explorer d'un œil neuf.

Suivez courageusement les consignes ci-dessous.

1. La veille du jour fixé, verrouillez votre ordinateur personnel ou familial avec le mot de passe administrateur et éteignez-le. Prévenez vos proches que l'accès à Internet sera interrompu le lendemain. Rangez votre téléphone portable WAP ou 3G qui vous permet d'accéder à Internet dans un tiroir ou un placard. Vous avez le droit de ressortir votre vieux mobile tout simple.

2. Le matin, ouvrez la fenêtre pour voir le temps qu'il fait et vous vêtir en conséquence, au lieu de consulter la météo sur Google, et partez courageusement à l'aventure vers votre lieu de travail, sans savoir où sont les bouchons ni s'il y a des perturbations dans les transports en commun. Soyez attentif à ce qui se passe autour de vous pour mieux comprendre et anticiper les événements qui se profilent.

3. Arrivé sur votre lieu de travail, vous avez le choix entre la version simple et la version avancée de l'exercice :

- version simple : tant que vous êtes au travail, agissez comme d'habitude (utilisez Internet professionnellement et regardez vos e-mails personnels si c'est autorisé) ;
- version avancée : astreignez-vous à ne pas regarder vos e-mails personnels.

4. Quand vous rentrez chez vous, *si vous êtes seul*, consacrez un moment à quelque chose qui vous fait vraiment plaisir : soin de beauté, apéro en musique, lecture distrayante ou passionnante, bricolage... Puis selon votre humeur, organisez-vous une soirée cocooning, appelez des amis dont vous n'avez plus de nouvelles depuis longtemps, invitez des proches ou sortez. *Si vous êtes en couple*, rappelez à votre conjoint que l'ordinateur est impraticable et demandez-lui de laisser son téléphone portable WAP ou 3G qui lui permet d'accéder à Internet au vestiaire. Prenez le temps de bavarder de tout et de rien, mais aussi de sujets que vous n'aviez pas le temps d'aborder ou que vous n'osiez pas lancer. Profitez d'une véritable soirée en tête à tête ou occupez-vous ensemble des enfants si vous êtes en famille.

5. *Si vous êtes seul*, lancez-vous le défi de tenir le plus longtemps possible sans aller regarder vos e-mails. *Si vous êtes en couple*, faites le concours de celui des deux qui tiendra le plus longtemps. Mettez-vous d'accord sur la récompense du vainqueur, et soyez créatif pour trouver des moyens de ne pas craquer.

6. Quand vous craquez, notez l'heure pour avoir une référence de comparaison la prochaine fois que vous referez cet exercice.

7. Le soir venu, faites le point : comment avez-vous vécu cette journée ?

Commentaire

Avec Internet, nous perdons toute référence à l'« ici et maintenant ». Faites cet exercice de temps en temps pour réinvestir le moment présent. Commencez par le réaliser un jour de semaine où vous travaillez, puis faites-le un jour de congé.

Exercice n°13 • Une journée sens dessus dessous

Autrefois, le jour du Mardi gras, les rôles s'inversaient pour quelques heures. Vous êtes enlisé dans vos habitudes et ne faites plus attention à votre quotidien ? Voici un exercice qui vous réveillera !

Redynamisez votre quotidien en suivant les indications ci-dessous.

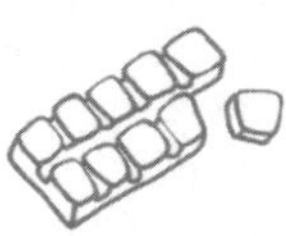

1. Dès votre réveil, commencez à agir exactement à l'inverse de ce que vous faites d'habitude : sautez du lit si vous avez l'habitude d'y paresser, prenez un bain si vous avez l'habitude d'une douche rapide, faites-vous un thé si vous buvez d'habitude du café, etc.

2. Dès que vous sentez que vous faites un geste machinal, ressaisissez-vous et faites le contraire. Dès que vous constatez que vous entrez dans une routine, lancez-vous dans une activité inhabituelle. Bouleversez votre emploi du temps ; osez même faire ce que vous n'avez encore jamais osé faire. Soyez particulièrement attentif à ce que vous ressentez en brisant ainsi des habitudes bien ancrées.

3. Le soir venu, consignez ici ce qui vous a plu, ce qui vous a déplu, ce qui vous a surpris... Écrivez aussi les réflexions que cette expérience a suscitées en vous, les changements que vous souhaitez apporter à votre vie.

Commentaire

Le fait d'avoir bouleversé vos habitudes vous a probablement conduit à innover, et peut-être avez-vous été surpris par votre audace. Il y a sûrement des choses à retenir de cette expérience, que vous pouvez introduire dans votre quotidien. Dès que vous sentez que vous reprenez le chemin de la routine, n'hésitez pas à refaire cet exercice.

Exercice n° 14 • Défi culinaire

Dans notre civilisation de surconsommation, tous ceux qui ont un minimum de moyens pour se nourrir passent leur temps à faire des courses pour engranger des provisions dans leur réfrigérateur et leurs placards. Ces derniers doivent toujours être pleins, surtout si la famille compte des adolescents.

L'exercice qui suit va vous entraîner à la décroissance et exercer votre créativité culinaire si vous aimez cuisiner. Il n'est cependant pas recommandé si vous avez de jeunes enfants, car il peut entraîner très temporairement quelques carences, suivant la composition de vos réserves alimentaires. Profitez des vacances pour le réaliser !

Suivez courageusement les consignes ci-dessous.

1. Décidez d'arrêter de faire des courses alimentaires pendant quelques jours et de vivre sur les réserves que vous avez dans votre réfrigérateur, dans vos placards, dans votre cave. Achetez-vous un petit carnet ou créez un blog sur Internet.

2. Chaque jour, créez un menu et des recettes originales n'utilisant que ce qui est à votre disposition dans votre réfrigérateur et vos placards. Profitez-en pour les rédiger sur votre carnet ou votre blog. Vous demanderez à ceux qui partagent votre table d'attribuer une note à vos créations (si vous êtes seul, notez-les vous-même) et inscrirez le résultat à la suite des recettes correspondantes.

3. Quand votre réfrigérateur est entièrement vide (il peut y avoir encore beaucoup de provisions dans vos placards), l'exercice est terminé. Notez combien de temps il a duré, lavez votre réfrigérateur à fond et allez faire des courses si le cœur vous en dit.

4. Comment avez-vous vécu cette expérience ? Que vous a-t-elle apporté ?

_ _

_ _

_ _

_ _

Commentaire et variante

Une fois encore, vous serez probablement surpris par les trésors d'ingéniosité que vous allez déployer pour concocter des menus innovants. Cet exercice vous délivrera de la peur de manquer et vous montrera que vous pouvez avoir confiance en votre créativité.

Vous pouvez tenter également une version plus difficile (à ne réaliser qu'entre adultes) : procédez comme indiqué ci-dessus, mais attendez que vos placards aussi soient vides pour aller faire des courses alimentaires.

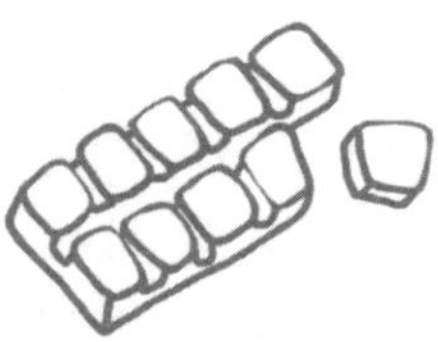

Exercice n° 15 • N'attendez pas une occasion spéciale !

Prenez le temps de méditer sur l'histoire suivante, puis répondez aux questions posées.

Mon ami ouvrit le tiroir de la commode de son épouse et en sortit un petit paquet enveloppé de papier de soie.

« Ceci, dit-il, n'est pas un simple paquet. C'est de la lingerie. »

Il jeta le papier et observa la soie et la dentelle.

« Je l'ai achetée la première fois que nous sommes allés à New York, il y a huit ou neuf ans, mais elle ne l'a jamais utilisée. Elle voulait la conserver pour une occasion spéciale. Eh bien, je crois que c'est le bon moment justement. »

Il s'approcha du lit et rajouta ce paquet à d'autres choses que les pompes funèbres emmèneraient. Sa femme venait de mourir…

1. Que conservez-vous actuellement pour une occasion spéciale ? Avez-vous déjà eu envie de l'utiliser et vous en êtes-vous empêché ?

2. Que regretteriez-vous de n'avoir pas fait si vous étiez en train de vivre vos dernières minutes ?

Qu'est-ce qui vous empêche de le faire dès à présent ?

Comment allez-vous procéder pour le faire dès à présent ?

Si vous l'avez fait, comment vous êtes-vous senti ensuite ?

----

3. Qu'est-ce qui est vraiment important dans votre vie ? Comment pouvez-vous changer votre façon de vivre pour y consacrer plus de temps ?

Commentaire

Après avoir médité sur la petite histoire qui introduit cet exercice, peut-être allez-vous décider de ne plus rien conserver « en vue de », de vous faire plus souvent plaisir, d'être plus attentif aux autres, à ce qui vous entoure… Cela peut véritablement changer votre vie !

Exercice n° 16 • Le premier jour du reste de ta vie

C'est une chanson d'Étienne Daho[1], un film de Rémi Bezançon[2], mais quoi d'autre ?

Répondez aux questions suivantes.

1. Comment comprenez-vous la phrase « Aujourd'hui est le premier jour du reste de ma vie » ? Qu'évoque-t-elle pour vous ?

2. Comment aimeriez-vous la concrétiser aujourd'hui ou demain matin ?

1. *Best of singles*, Virgin France, 1998.
2. Studio Canal, 2008.

----

3. Qu'est-ce qui vous empêche de le faire ?

Commentaire

Se lever chaque matin comme neuf avec une énergie positive permet de garder son âme d'enfant, sa faculté d'émerveillement. Vous cultivez ainsi votre capacité à vivre au jour le jour pour profiter vraiment du moment présent.

3

Se sentir vivant corps et âme

Mens sana in corpore sano[1] était tout ce que demandait le poète latin Juvénal pour être heureux.

Être conscient de l'organicité de son corps, de toute cette machinerie compliquée qui fonctionne la plupart du temps sans que l'on y fasse attention, est une première étape pour développer sa sensualité ou – si ce mot choque ceux qui lui prêtent une connotation trop sexuelle – sa sensorialité.

Les premiers exercices de cette partie vous permettront de retrouver les jouissances simples du quotidien. D'autres s'attacheront à vous faire découvrir le plaisir de sentir votre cerveau fonctionner avec agilité. Vous retrouverez ainsi le niveau de concentration intense de l'enfant qui joue.

1. « Un esprit sain dans un corps sain », *Satires*.

Exercice n° 17 • Quelles sont vos entraves à la sensualité ?

Vivre avec tous ses sens et les développer commence par une acceptation de son corps, de ses sensations, de ses réactions. Vivre sensuellement demande donc un dépassement des blocages, des croyances et des interdits. Ce test vous aidera à identifier ce qui bride en vous la joie des sens.

Pour chacune des situations suivantes, entourez le symbole de la proposition qui vous correspond le plus.

1. Se faire une beauté ou prendre soin de son corps, c'est :

- ♣ nécessaire, mais finalement égoïste.
- ♦ un moment de détente indispensable.
- ♠ toujours un peu angoissant, car il faut faire face à ses défauts.
- ♥ naturel et agréable.

2. Vous avez envie de reprendre une part de ce délicieux dessert.

- ♠ L'idée de vous gaver vous retient.
- ♣ Si vous craquez, vous allez le payer très cher.
- ♦ Cette deuxième part risque d'être décevante.
- ♥ Vous vous servez une part et la dégustez lentement.

3. Quand vous écoutez votre musique préférée :

- ♦ vous l'écoutez à faible volume pour qu'elle ne vous dérange pas dans ce que vous faites.
- ♥ vous ne faites rien d'autre et vous vous laissez porter par la musique.
- ♠ vous vous souvenez de tous les moments de bonheur passés liés à cette musique.
- ♣ vous dansez.

4. Votre partenaire vous murmure des mots terriblement excitants.

- ♥ Vous lui répondez sur le même registre.
- ♦ Vous craignez qu'il vous demande d'en dire aussi.
- ♣ Vous trouvez cela dégoûtant.
- ♠ Vous avez honte d'éprouver du désir.

5. Vous visitez une exposition de sculptures.

- ♠ Vous avez envie de les toucher, mais cela ne se fait pas.
- ♦ Certaines œuvres vous émeuvent, mais vous ne le montrez pas.
- ♣ Vous vous ennuyez rapidement.
- ♥ Vous ne pouvez vous empêcher de caresser certaines pièces.

6. Votre paysage préféré est :

- ♣ un lac de montagne.
- ♠ les chutes du Niagara.
- ♥ celui qui est devant vos yeux.
- ♦ la Bretagne sous un ciel gris.

7. Cajoler sans cesse son animal favori :

- ♦ c'est important.
- ♥ c'est agréable.
- ♠ c'est ridicule.
- ♣ ce n'est pas très propre.

8. Lorsque vous vous réveillez :

- ♥ vous ressentez progressivement l'éveil de votre corps et de votre esprit.
- ♣ vous pensez à ce que vous devez faire dans la journée.
- ♦ vous vous rendormez parfois pour de bon.
- ♠ vous faites semblant de dormir pour rester encore un peu au lit.

9. Quel est votre parfum préféré ?

- ♠ Un grand classique.
- ♣ Une fragrance puissante, capiteuse et à la mode.
- ♦ Une senteur qui vous rappelle des expériences agréables.
- ♥ Un parfum qui se marie au mieux à l'odeur de votre peau.

10. Quand vous êtes à la plage :

- ♣ vous essayez de trouver un endroit tranquille loin de la foule.
- ♠ vous allez nager, vous jouez au volley, vous bougez.
- ♥ vous alternez les sensations de chaleur et de fraîcheur.
- ♦ vous lisez à l'ombre sous votre parasol.

11. Votre cuisine préférée est :

- ♦ exotique, forte en saveurs épicées.
- ♣ familiale, de bonne qualité, simple et pas chère.
- ♠ inventive et raffinée.
- ♥ créative, parfumée, mariant les saveurs.

12. Vous êtes inscrit à une salle de gym.

- ♥ C'est une bonne occasion de sentir vivre votre corps.
- ♠ C'est un bon défouloir, vous vous donnez à fond lors des exercices.
- ♦ Vous vous forcez à y aller pour entretenir votre forme.
- ♣ Vous y allez avec des amis, mais au fond vous n'aimez pas cela.

Analyse des réponses

Comptez le nombre de symboles de chaque sorte :

♥ : ________________	♠ : ________________
♦ : ________________	♣ : ________________

Si vous avez un maximum de ♣, *vous avez peur de vous lâcher. Votre éducation vous a sans doute transmis l'idée que les émotions sensorielles pouvaient être sources de danger ou de souillure. Autorisez-vous à habiter pleinement votre corps et à l'aimer avec ses imperfections et ses qualités.*

Si vous avez un maximum de ♦, *vous êtes hypersensible. Vous vous méfiez de vos sensations, car si elles sont intenses, vous les vivez douloureusement. Vous préférez donc rester dans le confort routinier d'un univers connu. Ouvrez-vous à de nouvelles sensations.*

Si vous avez un maximum de ♠, *vous n'êtes jamais comblé. Vous avez tendance à consommer beaucoup sans être jamais satisfait. La notion de plaisir s'efface devant la recherche de performances.*

r minutieusement des situations que vous

***imum de ♥,** vous accueillez sereinement*
uez à l'approfondir avec bonheur !

Exercice n°10 • Un réveil en douceur

« Demain sera un autre jour. » Si vous avez vécu des événements désagréables durant la journée, vous vous êtes peut-être endormi le soir avec ces paroles rassurantes. Faites en sorte que dès le réveil, vous vous sentiez vraiment vivant et en forme, en renaissant à la vie chaque matin.

Réveillez-vous en douceur en suivant les instructions ci-dessous.

1. Peut-être est-ce le toucher qui s'éveille en premier. Ressentez la chaleur que procure la couette à votre corps, et au contraire le froid sur ses parties non couvertes si vous ne chauffez pas votre chambre la nuit. Prenez conscience de la douceur des draps sur votre peau, du moelleux de l'oreiller sous votre tête, de l'éventuel contact avec celui qui partage votre couche.

2. Puis votre odorat se réveille. Sentez d'abord l'odeur lourde des corps qui sortent de la nuit, leur haleine, la sueur, les relents d'amour, les parfums, puis les odeurs issues des objets (une bougie par exemple) ou des matériaux présents dans la pièce (le bois, la terre...), et enfin, celles qui s'infiltrent du dehors.

3. À présent, votre ouïe se développe. Écoutez le bruit de votre propre respiration, l'aiguille qui court sur le cadran du réveil, le chat qui gratte à la porte, le vent qui souffle sur la maison ou la pluie qui cingle la fenêtre, le réveil des voisins, les voitures qui se pressent sur le boulevard ou les oiseaux qui chantent dans le jardin…

4. Vous pouvez enfin ouvrir les yeux, doucement. Observez la pâle clarté du jour qui entre par la fenêtre. Les couleurs et les formes, un peu floues d'abord, se précisent : vous reconnaissez la pièce dans laquelle vous êtes, vous en faites le tour du regard. Tout est bien à sa place.

5. À présent, vous pouvez bouger, doucement d'abord. Tendez vos bras et vos jambes, tournez-vous d'un côté, puis de l'autre en vous étirant comme un chat, atteignez le réveil et éteignez-le pour qu'il ne sonne pas de nouveau. Vous êtes bien réveillé. Sentez comme votre corps est prêt à se lever, en possession de tous ses moyens pour ce premier jour du reste de votre vie.

6. Comment vous sentez-vous ? Que vous a apporté ce réveil en douceur ?

_ _

_ _

_ _

_ _

Commentaire

Qu'une sonnerie vous sorte du sommeil ou que vous vous réveilliez naturellement, votre corps s'éveille progressivement, sens après sens, fonction après fonction. Aussi, dès les premiers frémissements de votre conscience, commencez à prêter attention à vos sensations pour vivre pleinement ce moment d'exception pourtant journalier. Vous pouvez réaliser cet exercice quotidiennement.

Exercice n° 19 • Prenez soin de vous !

Que vous bénéficiez d'un minuscule cabinet de toilette ou d'une luxueuse salle de bains, le moment de la toilette est un rendez-vous intime avec votre corps. Faites-en une véritable fête des sens.

Rendez-vous dans votre salle de bains et prenez soin de vous en suivant les instructions ci-dessous.

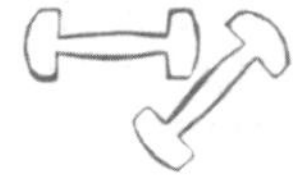

1. Regardez-vous dans la glace, souriez-vous pour vous mettre dans un état d'esprit bienveillant envers vous-même. Comme un enfant, reconnaissez chaque trait de votre visage (les yeux, la bouche, le nez, les oreilles, le front, les joues, le menton, les cheveux...) et faites-lui oralement ou mentalement un compliment ou une critique gentille. Si vous pouvez vous voir en pied, faites de même avec tout votre corps.

2. Soyez attentif à présent aux différentes sensations tactiles sur votre peau : le sol sous vos pieds ; la porcelaine ou la résine du lavabo, de la douche, de la baignoire ; le rideau de douche en plastique ou en tissu, ou la paroi de verre ; l'eau de la douche plus ou moins froide ou chaude, son jet plus ou moins fort, concentré ou diffus, l'eau du bain dans laquelle vous vous plongez plus ou moins vite, plus ou moins complètement ; le savon ou le gel douche ; l'exfoliant ; le shampoing ; vos mains, la brosse, la pierre ponce, l'éponge, le gant de toilette, de crin, de halfa ; la brosse à dents, le jet dentaire ; la cire ; la lime, les ciseaux ; le rasoir ; le déodorant ; les laits, les crèmes, les gels, les liquides, les sprays, vos mains ; le coton, le mouchoir en papier, le coton-tige ; la serviette-éponge, plus ou moins rêche, plus ou moins douce, le peignoir, l'air chaud du séchoir ; le peigne, la brosse, vos mains... Ressentez séparément chacun de ces contacts et admirez la précision de votre toucher.

3. Sentez toutes les odeurs qui se mêlent autour de vous et tâchez de les démêler (parfum ou eau de toilette qui domine, gel douche, shampoing, crèmes, éventuels désinfectants et produits de soins, produits d'entretien, etc.). Emplissez-vous de toutes ces senteurs et admirez la subtilité de votre odorat.

4. Écoutez le bruit de l'eau qui jaillit et rebondit sur votre peau, sur les vasques, sur les murs ; celui du rasoir, de la brosse dans vos cheveux, du jet, de vos mains qui frottent, massent, caressent votre corps, de vos dents brossées... Soyez attentif au murmure, au fredonnement, au sifflotement, au chant, à la mélodie qui jaillit de vous en harmonie avec tous ces sons joyeux.

5. Comment vous sentez-vous ? Que vous a apporté cette toilette à l'écoute de vos sens ?

Commentaire

Cet exercice est à réaliser quotidiennement. Nourrissez-vous de l'image de ce corps bien vivant, qui est vous, que vous aimez avec ses beautés et ses laideurs, ses forces et ses faiblesses. Vous vous sentirez ainsi dès le matin propre, frais, guilleret, prêt à vous envoler vers de nouvelles aventures.

Exercice n° 20 • Le banquet des sens

La France est un pays réputé pour sa gastronomie, mais vous n'avez pas besoin d'un chef pour transformer un simple repas en banquet des sens.

Dégustez votre repas en suivant les instructions ci-dessous.

1. Même si votre repas est très frugal (légumes à la vapeur, sandwich, fruit...), disposez vos aliments dans une assiette ou un plat.

2. Observez les mets qui vous attendent : leurs couleurs, leurs textures, leur disposition, la façon dont les différents ingrédients sont mélangés ou séparés. Nommez chacun d'entre eux. Trouvez-vous la présentation attirante ?

3. Sentez le parfum qui se dégage de votre repas. Que reconnaissez-vous ? L'odeur vous est-elle familière ? Quelle émotion, quel sentiment, quel souvenir évoque-t-elle en vous ?

4. Entamez votre plat. Mordez ! Quelle est la consistance de ce que vous mangez : dure, croquante, molle, tendre, filandreuse, élastique, friable, solide, fondante, grumeleuse, pâteuse, liquide ? Est-ce brûlant, chaud, tiède, froid, glacé ?

5. Gardez la première bouchée un moment en bouche, afin que sa saveur se dégage sur toutes vos papilles. Reconnaissez les différentes composantes de son goût (salé, sucré, amer, acide). Vous procure-t-elle une sensation astringente, piquante, métallique, grasse ?

6. Mastiquez, écoutez le bruit de vos mâchoires, goûtez les saveurs qui se fondent et se dissolvent dans votre bouche. Sentez ensuite la nourriture descendre dans votre œsophage jusqu'à votre estomac et vous remplir d'énergie.

7. Recommencez pour le plat suivant.

Commentaire

Grâce à cet exercice, vous profitez pleinement de votre repas, sans vous laisser distraire par des préoccupations passées ou futures. Vous exercez vos sens et entraînez votre esprit à analyser ce qu'ils perçoivent.

Exercice n°21 • « Tastez » vos boissons

Depuis des siècles, les amateurs de vin ont institué et formalisé un protocole pour « taster le vin ». Je vous propose de l'utiliser, en le simplifiant, pour toutes vos boissons : eau, jus de fruits, soda, bière, vin, alcool, thé, café, tisane…

Désaltérez-vous en suivant les instructions ci-dessous.

1. Choisissez un beau verre ou une jolie tasse, adapté à la boisson que vous allez consommer.

2. Versez votre boisson dans le verre en le remplissant à moitié (si vous avez choisi une tasse, vous pouvez la remplir davantage).

3. Prenez votre verre en main ou plongez vos yeux dans la tasse, et regardez la couleur du liquide (pour le vin, on parle de *robe*), son intensité, sa tonalité, sa transparence, sa brillance, les bulles éventuelles qui l'animent… Définissez votre boisson en quelques mots.

4. Approchez votre nez de la surface du liquide et humez-le. Que vous évoque son odeur (pour le vin, on parle de *nez*) ?

---

5. Prenez enfin en bouche une petite gorgée de liquide et transportez-la dans les différentes parties de votre bouche. Le côté sucré est reconnu par la pointe de la langue, l'acidité par les bords latéraux, l'amertume par l'arrière. En faisant circuler le liquide pendant quelques secondes, vous laissez à votre cerveau le temps d'analyser les différentes sensations reçues. Que vous évoque ce goût (pour le vin, on parle de *bouche*) ?

---

6. Maintenant que vous avez vraiment fait connaissance avec votre boisson, vous pouvez vous désaltérer et en profiter pleinement.

Commentaire

Réalisez cet exercice avec plusieurs boissons. Vous constaterez probablement que même les eaux (minérale, de source, filtrée, du robinet...) ont des odeurs très légères et des goûts subtils différents.

Exercice n°22 • Le plaisir du massage

Rien de mieux qu'un massage pour prendre conscience de son corps à la fois dans sa globalité et dans ses moindres détails. L'idéal est de se faire masser par un professionnel, par votre partenaire ou par un ami. Sinon, vous pouvez pratiquer l'automassage. Peu importe la technique choisie pour la réalisation de cet exercice.

Faites-vous masser ou pratiquez l'automassage en suivant les instructions ci-dessous.

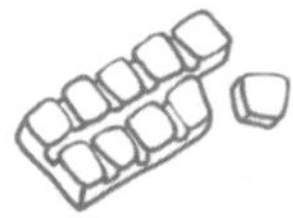

1. Installez-vous confortablement. Pour un massage complet, la position allongée est impérative ; pour un massage plus ciblé (dos, visage, pieds...), vous pouvez être assis. Le massage se réalise sur la peau nue. Détendez-vous en pensant que vous accordez toute votre confiance à la personne qui vous masse. Confiez-vous totalement à ses mains.

2. Transportez le maximum de votre conscience dans votre peau, en mettant en veilleuse tous vos sens autres que le toucher, dans un premier temps. Concentrez cette conscience sur chaque point en train d'être massé au fur et à mesure de la progression du massage, afin de ressentir toutes les sensations : les points douloureux qui se dissolvent, les muscles qui se détendent, la peau qui s'assouplit sous la chaleur du contact... Sentez le parfum du produit de massage, huile ou baume. Écoutez la rencontre des deux peaux, celle des mains du masseur et la vôtre. Observez les images intérieures qui défilent derrière vos yeux fermés.

3. Laissez-vous flotter dans le bien-être encore un moment une fois que le massage est terminé, puis remerciez la personne qui vous a massé.

4. Comment avez-vous vécu cette expérience ? Que vous a-t-elle apporté ?

Commentaire

Si vous pratiquez l'automassage, les sensations sont moins fortes, mais vous pouvez alors vous concentrer aussi sur ce que vous ressentez avec vos mains. Petit à petit, vous apprendrez à « voir » avec elles.

Exercice n° 23 • Marchez en conscience

L'activité physique est nécessaire à une bonne hygiène de vie, et la marche est l'exercice le plus facile à pratiquer. S'il peut se réaliser n'importe où, à la ville ou à la campagne, dans un lieu solitaire ou au milieu de la foule, il est plus agréable de le faire dans la nature.

Observez-vous en train de marcher dehors en suivant les instructions ci-dessous. Vous n'avez pas besoin de tenue ni de chaussures spéciales, partez « comme vous êtes ».

1. Ressentez d'abord le sol sous vos pieds, sa consistance, son élasticité ou sa rigidité, ses aspérités ou son aspect lisse.

2. Observez la manière dont votre pied « attaque » le sol : de la pointe, du talon, à plat ? Pesamment, légèrement ?

3. Ressentez votre pied se dérouler, les articulations et les muscles entrer en jeu, se déplier, s'étaler. Admirez comme ils fonctionnent bien. Soyez également attentif aux muscles de vos jambes, aux articulations de vos genoux, de vos hanches.

4. Observez la manière dont votre corps assure son équilibre dans la marche grâce au balancement de vos bras, de vos épaules et de vos hanches, et à votre port de tête. Constatez la fluidité de vos mouvements, leur enchaînement parfait.

5. Écoutez le rythme de vos pas, chantonnez-le ; respirez, changez de cadence.

6. Prêtez attention au lieu dans lequel vous êtes, comme si c'était l'écrin de ce magnifique instrument qu'est votre corps en marche. Regardez le paysage, les passants, souriez-leur.

7. Quels sont les sentiments et les émotions qui vous habitent ? Clarifiez-les en leur donnant un nom.

Commentaire

Grâce à cet exercice, vous venez d'éprouver un plaisir presque animal à sentir que vous êtes un organisme en pleine possession de ses moyens. Notre façon de marcher, debout, est ce qui fait notre spécificité d'homme parmi les autres mammifères. Mais la marche est aussi une façon simple de s'ancrer dans le monde et de se sentir vivant.

Exercice n°24 • Admirez votre habileté manuelle

Voici un exercice que vous pouvez réaliser tout en vous livrant à l'un de vos passe-temps favoris, si ce dernier demande une série d'actions concrètes et complexes : bricolage, jardinage, travaux d'aiguille, création artisanale...

Observez-vous en train de réaliser un ouvrage en suivant les instructions ci-dessous.

1. Commencez votre activité et travaillez pendant au moins un quart d'heure, le temps de « rentrer » dans l'action et de (re)trouver les gestes adaptés.

2. Tout en regardant ce que vous faites, attachez une attention particulière aux mouvements de vos mains. Observez la façon dont votre poignet se plie et dont vous le faites tourner pour diriger votre main dans toutes les directions ; l'écartement ou le rapprochement de vos doigts jusqu'à fermer le poing ; l'utilisation de vos doigts en opposition avec le pouce ; les différentes manières de saisir les objets et de les tenir ou de les rouler dans vos doigts ; l'amplitude de vos gestes (larges ou très précis), leur rudesse ou leur légèreté, leur rapidité, etc.

3. Observez à présent de la même manière les mouvements de vos bras, puis ceux de tout votre corps. Admirez leur complexité et la fluidité de leur enchaînement.

4. Ressentez le contact de vos mains avec les matières, les instruments, les outils...

5. À présent, faites fonctionner tous vos sens : repérez les bruits, les odeurs, les couleurs, tout ce qui fait l'univers particulier de cette activité que vous aimez.

6. Définissez en quelques mots ce qui rend cette activité si agréable.

Commentaire

Avec cet exercice, vous venez d'éprouver le plaisir de vous sentir pleinement interagir avec la matière. Vous avez probablement pris conscience de tous les mécanismes en jeu dans cette activité que vous pratiquez pourtant régulièrement, de manière un peu automatique. Votre corps est une « machine » extraordinairement précise !

Exercice n° 25 • Du cœur à l'ouvrage

« Contrairement à l'effort intellectuel, l'effort physique provoque la sécrétion d'une endorphine qui est euphorisante. Les gens sont fatigués par leur travail parce qu'ils se servent beaucoup moins de leur corps qu'avant[1]. » L'exercice suivant va vous permettre d'effectuer vous-même ce constat.

Retrouvez le plaisir de l'effort en suivant les instructions ci-dessous.

1. Choisissez une activité physique que vous aimez ou au contraire que vous trouvez difficile, ou même rébarbative. Il peut s'agir d'une activité sportive (jogging, vélo, natation, aérobic, step, tennis, football...), mais aussi d'une activité ménagère (grand nettoyage de printemps, déménagement, débroussaillage, bêchage, élagage, cueillette ou ramassage de fruits ou de légumes...).

2. Pratiquez-la énergiquement pendant au moins 30 minutes.

3. Quand vous commencez à sentir la fatigue vous envahir, continuez et soyez attentif à tout ce qui se passe dans votre corps : votre cœur qui bat, le rythme de votre respiration, vos mouvements, les douleurs musculaires... Guettez le moment où la douleur et l'inconfort prennent soudainement fin pour laisser place à un sentiment d'euphorie. Continuez alors quelques minutes encore, puis arrêtez progressivement.

1. Boris Cyrulnik, propos recueillis par Anne-Laure Barret publiés dans l'article « Les psychotropes, un symptôme culturel », paru le 23 août 2008 sur le site leJDD.fr.

4. Goûtez à présent toutes les sensations positives, les sentiments, les idées qui vous viennent et notez-les ci-dessous. Cet état bienheureux va perdurer longtemps après l'arrêt de l'effort, car « la quantité d'endorphines augmente pendant l'exercice et atteint cinq fois les valeurs de repos, 30 à 45 minutes après l'arrêt de l'effort[1] ».

Commentaire

« Plus une activité a demandé d'efforts, plus elle procure de la satisfaction une fois terminée[2] », écrit le sociologue Jean-Claude Kaufmann. Dans le cas des activités ménagères, un résultat visible des efforts (une maison bien propre, un panier de fruits garni...) augmente la satisfaction ressentie.

Exercice n° 26 • Chantez maintenant !

On chante souvent quand on est joyeux. Mais le contraire est vrai aussi : chanter rend joyeux !

Chantez avec tout votre corps en suivant les indications ci-dessous.

1. « Endorphines : courez vers le bonheur », *Jogging*, 12 octobre 2009.
2. *Le cœur à l'ouvrage - Théorie de l'action ménagère*, Pocket, 2005.

1. Commencez à chanter une chanson. Si vous n'en connaissez pas toutes les paroles, improvisez-les, ou chantez en langage imaginaire. Vous pouvez aussi improviser la mélodie.

2. Chantez plus fort, libérez votre voix, donnez de la puissance ! Sentez que cette musique ne vient pas seulement de votre bouche, de votre gorge, mais qu'elle résonne également dans votre tête, dans votre ventre, dans tout votre corps.

3. Ensuite, chantez en imaginant que chaque son provient d'une partie différente de votre corps. Concentrez-vous sur cette partie du corps pour y entendre et y sentir vibrer la musique.

4. Accompagnez votre chant de mouvements des bras, du tronc, du bassin, pour l'amplifier. Dansez votre chant, si l'envie vous en prend, en vous centrant sur la colonne de son qui vous structure comme une deuxième colonne vertébrale.

5. Comment vous sentez-vous ?

Commentaire

Chanter est un plaisir qui fait du bien en profondeur, car cette action stimule en effet la sécrétion d'endorphines. Laissez-vous aller à pousser la chansonnette dès que vous en avez l'occasion, sous votre douche le matin, dans les bouchons le soir, etc.

Exercice n° 27 • Aiguisez vos sens

Voici un exercice que vous pouvez réaliser partout, même dans le métro parisien. Il est néanmoins plus agréable de le pratiquer dehors, dans la nature, ou du moins avec un paysage naturel ou urbain à portée d'œil.

Aiguisez vos sens un à un en suivant les indications ci-dessous.

1. Installez-vous bien ancré sur vos racines (votre centre de gravité), assis, debout ou couché, et respirez calmement avec le ventre si vous savez le faire.

2. Découpez mentalement un petit carré tout près de vous, sur le sol, sur une table, sur vos vêtements... Observez-le intensément dans les moindres détails comme si vous deviez le décrire très précisément ensuite : soyez attentif aux formes qu'il contient, aux couleurs, aux matières...

3. Regardez ensuite le plus loin possible vers l'horizon, observez intensément les formes, les couleurs, les mouvements... Imaginez ce que vous pourriez voir de l'autre côté de la ligne d'horizon.

4. Écoutez tous les bruits du lieu dans lequel vous vous trouvez et repérez leur origine. Puis soyez attentif à ceux qui vous arrivent de l'extérieur, du lointain et imaginez d'où ils viennent.

5. Si vous êtes à l'extérieur, sentez toutes les odeurs que vous pouvez percevoir et essayez de les identifier.

6. Prenez ensuite conscience du sol sous vos pieds, du siège sous vos fesses, contre votre dos, de vos vêtements sur votre peau (consistance, matière...). Sentez l'air sur votre visage ou dans vos cheveux, le soleil, la chaleur ou le froid.

7. Ressentez à l'intérieur de votre corps les mouvements de vos viscères, les battements de votre sang, les crispations de vos muscles, vos poumons qui se soulèvent, votre ventre qui gargouille...

8. Enfin, revenez doucement ici et maintenant. Comment vous sentez-vous ?

Commentaire

Voilà un moyen simple de vous sentir relaxé, détendu, reposé, apaisé... en quelques minutes. Cet exercice est à consommer sans modération, principalement après un épisode stressant ou avant une situation pressentie comme stressante. En plus de vous détendre, il vous permettra vraiment d'affiner vos sens.

Exercice n° 28 • Portez votre cerveau à ébullition

Sentir que son cerveau fonctionne bien est très jouissif. De simples jeux peuvent vous faire prendre conscience de l'intense travail mental que votre esprit est capable de fournir en très peu de temps.

Résolvez ces tests.

1. Regardez ce carré.

Combien voyez-vous de façons différentes de le diviser en quatre parties identiques (c'est-à-dire de même forme et de même surface) et superposables (c'est-à-dire que vous ne pouvez pas les retourner, mais seulement les faire glisser les unes sur les autres) sans laisser de chute ?

2. Reliez ces 9 points par 4 segments de droite sans lever le crayon.

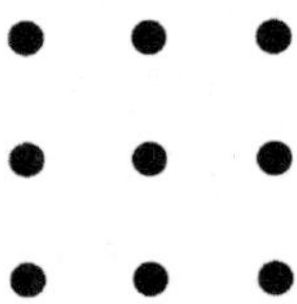

Que vous ayez ou non trouvé des solutions, arrêtez l'exercice au bout de 3 minutes. Que ressentez-vous ?

Solution

Sans doute avez-vous ressenti une forte sollicitation et une intense excitation, car vous étiez totalement concentré sur votre tâche.

Voici quelques solutions pour le 1 :

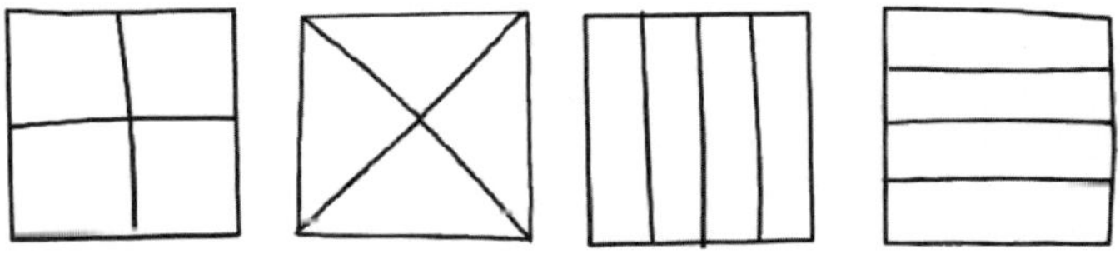

La solution du 2 est la suivante :

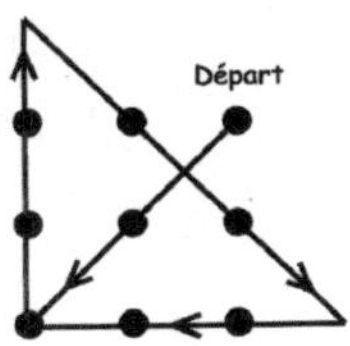

Exercice n°29 • Sauvez Arthur et Gauvain

Les énigmes obligent également notre esprit à une intense concentration pour trouver leurs solutions.

À vous de résoudre l'énigme du Roi Arthur, et surtout celle de Gauvain !

1. Lisez le texte suivant.

Le jeune roi Arthur tomba un jour dans une embuscade et fut fait prisonnier par le monarque d'un royaume voisin. Ce dernier aurait pu le tuer, mais il fut ému de la jeunesse et de la joie de vivre d'Arthur. Alors il lui offrit la liberté contre la réponse à une question très difficile. Arthur aurait une année pour trouver cette réponse ; s'il ne pouvait la donner au bout de ce délai, il serait tué. La question était : « Que veulent réellement les femmes ? »

2. Écrivez la ou les réponses que vous donnez personnellement à cette question.

_ _

_ _

_ _

3. Continuez la lecture du texte.

Une telle question laisserait perplexes les hommes les plus savants, et pour le jeune Arthur, cela semblait être une quête impossible. Comme c'était quand même mieux que la mort, il accepta la proposition du monarque et promit de lui ramener la réponse au bout d'un an.

Il retourna dans son royaume pour interroger tout le monde (les princesses, les prostituées, les prêtres, les sages et le fou de la cour), mais personne ne put lui donner une réponse satisfaisante. La plupart des gens lui dirent d'aller consulter la vieille sorcière qui était la seule à connaître la réponse. Elle était connue dans tout le royaume pour les tarifs exorbitants qu'elle pratiquait.

Le dernier jour de l'année arriva, et Arthur n'avait pas d'autre choix que d'aller parler à la sorcière. Elle accepta de répondre à sa question, à condition qu'il accède à sa demande. La vieille sorcière voulait épouser Gauvain, le plus noble des chevaliers de la Table Ronde et le plus cher ami d'Arthur. Le jeune Arthur fut horrifié, car la vieille sorcière était bossue et terriblement laide. Elle sentait comme l'eau des égouts, faisait souvent des bruits obscènes et n'avait qu'une dent. Il n'avait jamais rencontré de créature aussi répugnante, et il refusait de forcer son ami à l'épouser et à endurer un tel fardeau. Gauvain, en entendant la proposition de la sorcière, parla à Arthur. Il lui dit que ce n'était pas un si terrible sacrifice pour sauver la vie de son ami et préserver la Table Ronde.

Ainsi, le mariage eut lieu et la sorcière répondit à la question : « Ce qu'une femme veut vraiment, c'est pouvoir décider de sa propre vie. » Chacun sut à l'instant que la sorcière venait de dire une grande vérité et que la vie d'Arthur serait épargnée. Et ce fut le cas. Le monarque voisin garantit à Arthur une totale liberté.

Quel mariage ! Arthur était tenaillé entre le soulagement et l'angoisse. Gauvain était agréable comme toujours, charmant et courtois. La vieille sorcière montra ses plus mauvaises manières. Elle mangea avec les doigts, rota, péta et mit tout le monde mal à l'aise.

La nuit de noces approchait. Gauvain, se préparant psychologiquement, entra dans la chambre. Mais quelle surprise ! La plus belle femme qu'il ait jamais vue se tenait devant lui. Gauvain était éberlué et demanda ce qui se passait. La beauté répondit que comme il avait été gentil avec elle quand elle était sorcière, elle serait la moitié du temps horrible et déformée et l'autre moitié du temps une magnifique jeune fille. Quelle forme souhaitait-il qu'elle prenne le jour et la nuit ?

Quelle question cruelle... Gauvain commença à réfléchir : il pouvait avoir soit dans la journée une belle femme à montrer à ses amis mais la nuit, dans l'intimité, une sinistre sorcière dans son lit ; soit dans la journée une hideuse sorcière à ses côtés, mais la nuit une belle femme pour jouir des moments intimes...

4. Que feriez-vous à la place de Gauvain ?

_ _

_ _

_ _

5. Au bout de 3 minutes, arrêtez de réfléchir, que vous ayez ou non fait votre choix, et analysez ce que vous ressentez physiquement. Comment pourriez-vous définir votre état d'esprit ? Avez-vous pensé à autre chose qu'à cette histoire ?

_ _

_ _

_ _

Happy end

Le noble Gauvain répondit à la sorcière qu'il la laissait choisir elle-même à quel moment elle souhaitait être sous la forme d'une belle jeune fille. Entendant cela, elle lui annonça qu'elle serait belle tout le temps, parce qu'il l'avait respectée et l'avait laissée décider elle-même de sa vie...

Exercice n° 30 • Apprivoisez vos émotions

Il arrive que les émotions nous submergent, ou au contraire que nous nous interdisions de nous laisser aller et que nous les cachions. Or, les émotions sont aussi importantes pour diriger notre vie psychique que les sensations le sont sur le plan physique. Elles nous informent du fait que nous sommes « atteints » par les choses, plus ou moins selon leur intensité.

Suivez les indications ci-dessous.

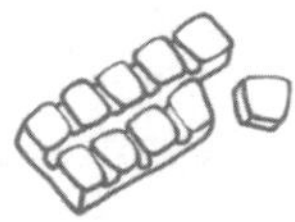

1. Achetez un petit carnet sur lequel vous recopierez le tableau ci-dessous.

Date et heure	Situation	Émotion : nom, qualificatifs, intensité	Sensations physiques associées	Pensées associées	De quoi est-ce le signe ?

2. Dès que vous ressentez une émotion, notez la date et l'heure, et résumez en quelques mots le contexte, la situation qui l'a déclenchée.

3. Essayez de donner un nom précis à l'émotion qui vous a envahi, de la qualifier (agréable, désagréable, fugitive...), de peser son intensité (légère, forte, intense, envahissante), etc.

4. Soyez attentif aux signes physiques par lesquels votre corps exprime cette émotion (voix qui tremble, rougeur, sourire, etc.).

5. Tentez d'identifier les pensées qui vous ont traversé l'esprit en même temps (« je suis idiot », « super ! », « je n'y comptais tellement pas ! », etc.).

6. Enfin, si vous voulez aller plus loin, essayez de comprendre de quel sentiment plus profond cette émotion est le signe (je suis en colère parce que je me sens trahi par cette personne en qui j'avais mis toute ma confiance, parce que je crois qu'on doit toujours me céder...).

Commentaire

Si c'est possible, complétez votre carnet « à chaud » juste après avoir ressenti chaque émotion. Sinon, faites le point chaque soir, ou chaque matin, suivant vos préférences. Vous apprendrez ainsi à ressentir pleinement vos émotions afin de les apprivoiser pour ne plus vous laisser submerger par elles.

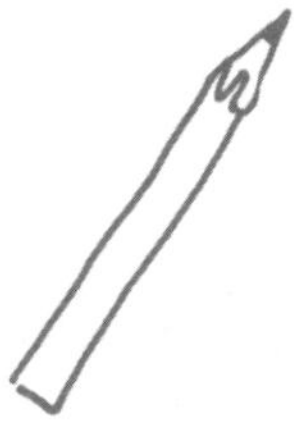

4

Profiter de la beauté du monde

Nous courons sans cesse, happés par nos multiples activités de parent, d'amant, d'enfant, d'ami, de travailleur, de citoyen... et nous oublions souvent de regarder autour de nous et de jouir du simple spectacle qui nous entoure.

Peut-être est-ce, comme le disait le chef indien Seattle dans son discours de réponse au commissaire américain aux affaires indiennes en 1854, parce qu'« il n'y a pas d'endroit paisible dans les villes de l'homme blanc. Pas d'endroit pour entendre les feuilles se dérouler au printemps, ou le froissement des ailes d'un insecte ».

Or nous pouvons créer cet endroit paisible par la seule force de nos sens en action. Les exercices de cette partie vous permettront de renouer avec les éléments pour retrouver cette communion primitive et réinvestir le paradis perdu.

Exercice n° 31 • Voyage dans les nuages

On parle souvent du ciel bleu, du beau temps. Mais on se lasse d'un ciel azur uniforme, alors que les nuages changent sans cesse et nous donnent toujours à rêver.

Voyagez dans les nuages en suivant les consignes ci-dessous.

1. Un jour où le ciel est nuageux, couchez-vous dans un pré, asseyez-vous sur un banc public ou regardez par la fenêtre. Installez-vous confortablement et respirez doucement, avec le ventre si vous savez le faire.

2. Observez la forme des nuages. Qu'évoquent-ils pour vous : des visages connus, des animaux domestiques ou sauvages, des villes fantastiques, des monstres ? Regardez comme ces formes sont mouvantes et se transforment plus ou moins rapidement en d'autres images, d'autres chimères. Distinguez les différentes teintes de blanc, de gris, les légères touches de couleur à certains moments. Admirez les fragments d'arc-en-ciel qui naissent quand un rayon de soleil arrive à percer un nuage qui lâche sa pluie dans la lumière.

3. Choisissez un nuage qui vous attire particulièrement. Suivez-le du regard, imprégnez-vous de son rythme de croisière, puis posez-vous en pensées sur lui. Sentez comme vous êtes léger à présent, voguant là-haut.

4. Si vous voulez aller plus loin, observez le monde qui défile sous vous au rythme de votre nuage, regardez-vous tout petit en bas en train de vous regarder.

Comment avez-vous vécu cette expérience ? Qu'avez-vous particulièrement apprécié ?

Quelques vers

« Eh ! Qu'aimes-tu donc, extraordinaire étranger ?

– J'aime les nuages... les nuages qui passent... là-bas... là-bas... les merveilleux nuages[1] ! »

Exercice n°32 • Départ pour les étoiles

La nuit aussi, vous pouvez vous imprégner de la beauté du monde en regardant le ciel, en dormant à la belle étoile.

Partez pour les étoiles en suivant les consignes ci-dessous.

1. Par une belle nuit, d'été de préférence (sinon couvrez-vous chaudement et prévoyez une Thermos), installez-vous dans un endroit dégagé. Si vous êtes à la campagne, couchez-vous dans un pré ; si vous êtes au bord de la mer, allongez-vous sur la plage ; si vous êtes en ville, installez-vous dans un transat (par exemple au Parc de La Villette à Paris), ou tout simplement sur un coussin sur votre balcon ou juste devant votre fenêtre ouverte. Cherchez la position la plus confortable pour regarder le ciel.

1. Charles Baudelaire, « L'Étranger », *Petits poèmes en prose.*

2. Respirez la douceur ou la fraîcheur de la nuit, écoutez l'apaisement des bruits alentour, ressentez le sol ou le siège sous votre corps.

3. Regardez le ciel intensément, comme si vous vouliez le boire des yeux. Observez les étoiles s'allumer une à une sous le flux de votre regard ; admirez la splendeur de la voûte céleste. Prenez conscience de l'immensité de l'Univers, portez votre regard vers l'infini, puis recentrez-vous sur vos sensations corporelles. Vous êtes complètement intégré dans cet Univers que vous percevez, que vous ressentez, que vous pressentez.

4. Parmi les étoiles, choisissez celles qui vous attirent le plus et entrez en relation avec chacune d'elles, à tour de rôle. Saluez-la, dites-lui pourquoi elle attire plus particulièrement votre regard : est-elle plus brillante, plus scintillante, plus petite, plus grosse, plus isolée ? Peut-être vous évoque-t-elle une personne aimée, un événement important du passé, un projet ? Dites ce que vous ressentez, dialoguez avec elle (ce dialogue peut-être totalement mental).

5. Vous pouvez bien sûr choisir aussi la lune. S'il y a un clair de lune, vous verrez moins distinctement les étoiles, mais vous pourrez en revanche vous imprégner de l'atmosphère magique créée par cette lumière impalpable qui transfigure votre paysage familier en féerie.

6. Comment avez-vous vécu cette expérience ? Qu'avez-vous particulièrement apprécié ?

_ _

_ _

_ _

_ _

Quelques vers

« Petit-Poucet rêveur, j'égrenais dans ma course
Des rimes. Mon auberge était à la Grande-Ourse.
Mes étoiles au ciel avaient un doux frou-frou.
Et je les écoutais, assis au bord des routes[1]*. »*

Exercice n° 33 • Promenez-vous sous la pluie

Dans les pays où elle est rare, la pluie est attendue avec impatience, et son arrivée peut provoquer une explosion de joie. Sous nos climats en revanche, peu de gens aiment la pluie, car même si nous savons qu'elle est nécessaire à la vie de la nature, nous l'associons à la tristesse. L'exercice que nous vous proposons vous aidera à l'apprécier et à vous ressourcer.

Promenez-vous sous la pluie en choisissant de suivre parmi les consignes ci-dessous celles qui vous plaisent le plus.

1. Pluie du matin

Si, en vous réveillant un jour de congé, vous entendez la pluie battre votre fenêtre, restez au lit, gardez les yeux fermés et concentrez-vous sur le rythme de la pluie, de ses ricochets sur les différents obstacles qu'elle rencontre. Écoutez la musique qui naît en vous. Si c'est une berceuse, replongez dans le sommeil, bien à l'abri. Si c'est une autre mélodie, laissez-la naître sur vos lèvres, chantonnez-la, sifflotez-la, prenez conscience de l'émotion qu'elle exprime, puis levez-vous doucement en la gardant en tête, et livrez-vous à des activités en harmonie avec elle.

1. Arthur Rimbaud, « Ma bohème », *Poésies.*

2. Pluie d'été

Il est préférable de réaliser cet exercice dans un endroit où vous ne risquez pas de choquer vos voisins. Quand la pluie tombe enfin après une extrême chaleur (c'est souvent une pluie d'orage), sortez quelques instants le plus nu possible dessous et accueillez-la avec tout votre corps. Buvez-la, dansez sous ses coups de fouet, laissez-vous emporter par l'émotion qui vous anime. Vous vous sentirez totalement revigoré.

3. Pluie bretonne

Aujourd'hui, c'est du crachin qui tombe. Voilà une pluie qui n'agresse pas ! Profitez-en pour partir marcher, abrité par un vêtement de pluie, au bord de la mer, sur un sentier de forêt, à travers les collines ou sur les trottoirs d'une ville. Sentez la douceur de cette bruine sur votre visage, votre peau qui se désaltère, se vivifie, rosit, s'adoucit... Regardez le moelleux voile de pluie qui floute tout le paysage et atténue les bruits. L'humidité ambiante rend imprécises les limites entre vous et ce qui vous entoure. Peut-être vous sentez-vous alors entouré, protégé, ou au contraire agressé, perdu...

4. Après la pluie

Lorsque la pluie a cessé, quel que soit le lieu où vous vous trouvez, sortez. Si vous étiez à l'extérieur, arrêtez-vous un instant ou du moins ralentissez votre marche et respirez à fond. Une foule d'odeurs agréables ou désagréables, exacerbées par la pluie, se pressent à vos narines. Tâchez d'en faire le tri et de repérer l'origine de chacune. À quoi vous font-elles penser ?

5. Comment vous êtes-vous senti après cette expérience ? Qu'avez-vous particulièrement apprécié ?

_ _

_ _

_ _

Quelques vers

« Ô bruit doux de la pluie
Par terre et sur les toits !
Pour un cœur qui s'ennuie
Ô le chant de la pluie[1] *! »*

Exercice n° 34 • Vive le vent !

Le vent évoque les tempêtes qui soulèvent les vagues ou les dunes de sable, les feuilles qui volent en automne… Il emporte, déplace, revigore, déchaîne, libère… À votre tour !

Par un jour de vent, sortez et profitez-en, en choisissant parmi les consignes ci-dessous celle qui vous plaît le plus. Il est préférable de vous rendre dans un endroit où vous vous sentirez libre de faire ce que vous voulez.

1. **Prenez le vent** : commencez, immobile, à sentir le vent sur votre visage, dans vos cheveux, dans vos vêtements. Sentez son intensité, tâchez de repérer dans quel sens il souffle.

2. **Courez dans le vent** : sentez le vent qui vous accompagne, le vent qui de temps en temps vous cingle, respirez !

3. **Laissez-vous pousser par le vent** : faites le moins d'efforts possible pour avancer. Imaginez que vous êtes léger, sentez le vent dans votre dos, ses élans, ses moments d'accalmie…

1. Paul Verlaine, « Ariettes oubliées », *Romances sans paroles.*

4. Marchez contre le vent : sentez la manière dont votre corps prend appui fermement sur le sol et s'arc-boute parfois. Observez la façon dont tous vos muscles s'entendent pour vaincre la force du vent et vous permettre de progresser. Admirez la mécanique et la puissance de votre corps.

5. Rivalisez avec le vent : tout en courant, repérez une feuille, un papier, un objet poussé par le vent. Essayez de le rattraper, courez au rythme du vent en respectant ses pauses, ses départs brusques, ses montées en puissance.

6. Comment vous êtes-vous senti après cette expérience ? Qu'avez-vous particulièrement apprécié ?

Quelques vers

« "Levez-vous vite, orages désirés, qui devez emporter René dans les espaces d'une autre vie !" Ainsi disant, je marchai à grands pas, le visage enflammé, le vent sifflant dans ma chevelure, ne sentant ni pluie, ni frimas, enchanté, tourmenté et comme possédé par le démon de mon cœur[1]. »

1. François René de Chateaubriand, *René*.

Exercice n° 35 • Livrez-vous au soleil

Le Soleil est le centre de notre Univers, c'est lui qui rend possible la vie sur Terre. Notre course autour de lui définit le cycle des saisons.

Livrez-vous au soleil en choisissant parmi les consignes ci-dessous celle qui vous plaît le plus.

1. Soleil d'hiver

Par un jour d'hiver ensoleillé, que vous soyez sur un quai de gare en train d'attendre votre train, dans une rue, sur un balcon ou à la campagne, mettez-vous juste dans un rayon de soleil. Fermez les yeux et ressentez sa douce chaleur sur votre visage, son rayonnement qui habille de rouge vos paupières fermées... Observez ensuite ses timides rayons éclairer d'une lumière un peu blanche le paysage alentour.

2. Soleil de printemps

Par un beau jour de printemps, promenez-vous sous le soleil, ressentez sa douce chaleur, les caresses de ses rayons sur votre peau. Observez la manière dont toutes les plantes sont tendues vers lui, dont les animaux le recherchent, dont il transfigure de sa lumière dorée le plus sombre paysage urbain. Regardez les sourires naître sur les visages que vous croisez.

3. Soleil d'été

Un jour de plein soleil, offrez-vous nu (ou le plus nu possible) à son ardeur. Sentez-le prendre possession de votre peau, de vos muscles, de tout votre corps ; il pénètre toutes les régions les plus intimes de votre anatomie, il vous vêt d'une armure de lumière et de chaleur. Arrachez-vous ensuite à son emprise, mettez-vous à l'ombre et observez l'immobilité de toutes les choses autour de vous, ou la lenteur des mouvements de la vie. Seules les machines vrombissent et se hâtent. Offrez-vous un moment de paresse heureuse.

4. Soleil d'automne

Par un beau jour d'automne, partez vous promener dans les rues ou les bois. Remarquez l'aspect précieux que les rayons cuivrés du soleil donnent à toutes choses, les couleurs qui semblent plus intenses et brillantes, tout qui resplendit. Marchez majestueusement au milieu de la beauté du monde.

5. Que vous a apporté le soleil ? Qu'avez-vous particulièrement apprécié ?

_ _

_ _

_ _

_ _

Quelques vers

« Tu te lèves beau dans l'horizon du ciel,
Soleil vivant, qui vit depuis l'origine.
[...] Tu es loin, mais tes rayons sont sur la terre.
Tu es sur le visage des hommes [...][1] »

1. Hymne à Aton d'Akhenaton, 1370-1352 av. J.-C. (XVIIIe dynastie). Traduction de Pierre Gilbert. A. Eggebrecht, *L'Égypte ancienne*, Bordas, 1997.

Exercice n° 36 • Travaillez la terre

La terre fertile accueille les racines des plantes, des arbres. Elle leur offre ce dont elles ont besoin pour se nourrir, croître et proliférer.

Travaillez la terre en choisissant parmi les consignes ci-dessous celle qui vous plaît le plus.

1. Plantez une plante

Si vous avez à planter, à repiquer ou à rempoter une plante, creusez le sol ou la terre du pot avec vos doigts. Effritez les mottes, dégagez doucement les racines, sentez le contact frais, sec ou collant de la terre sur vos doigts. Humez l'odeur forte de la terre, ressentez le petit goût métallique qui vient parfois en bouche quand on manipule certaines terres...

2. Modelez

Même si vous ne l'avez jamais fait, achetez-vous un petit sac d'argile et modelez suivant votre inspiration. Sentez votre chaleur se communiquer à la terre et la rendre de plus en plus souple. Regardez toutes les formes que vous pouvez lui donner, faites naître des personnages réalistes ou fantastiques, des objets utiles ou insolites...

3. Laissez filer le sable entre vos doigts

Asseyez-vous sur une plage ou près d'un bac à sable. Sans regarder ce que vous faites, plongez une main dans le sable, prenez-en une poignée et laissez-le glisser entre vos doigts. Ressentez sa rugosité, sa fluidité, écoutez le bruit ténu de sa chute. Soyez attentif aux images, aux émotions, aux pensées qui arrivent alors à votre conscience.

4. Comment vous êtes-vous senti après cette expérience ? Qu'avez-vous particulièrement apprécié ?

Quelques vers

« Ici la terre affirme
Sa présence calme et sûre,
Tantôt charnelle, tantôt
Aérienne selon l'heure.
Ici l'homme comblé se garde
Du mot de trop, sachant
Que les dieux sont jaloux[1]. »

Exercice n° 37 • Jeux d'eau

Que vous la découvriez derrière une dune, au détour d'un chemin ou sur une place publique, qu'elle soit mouvante ou immobile, vous pouvez jouer avec l'eau en laissant vos sens s'épanouir.

Choisissez parmi les consignes ci-dessous celle qui vous plaît le plus.

1. François Cheng, À *l'orient de tout*, Gallimard, 2005.

1. La mer

Installez-vous debout ou assis face à la mer. Regardez-la s'étaler immense devant vous, jusqu'à l'horizon ; écoutez le bruit des vagues qui se brisent sur les rochers ; respirez les odeurs iodées apportées par les embruns, imprégnez-vous de l'humidité ambiante. Que ressentez-vous intérieurement ? Quelle émotion, quel sentiment vous habite ? Quelles pensées vous viennent ?

_ _

_ _

_ _

2. Le fleuve, la rivière, le ruisseau

En ville ou à la campagne, installez-vous sur un pont ou sur une berge. Regardez l'eau couler, observez les jeux de lumières, les reflets, les couleurs ; écoutez les bruits qui résonnent. Voguez en esprit sur cette eau : où partez-vous ? Que ressentez-vous ? Quelles pensées vous viennent ?

_ _

_ _

_ _

3. L'étang, le lac, la mare

Sur une barque ou au bord d'un étang, sentez l'odeur douceâtre de l'eau, touchez-la, cassez son immobilité en y jetant un caillou, en y trempant la main ou une rame, ou en faisant des ricochets ; imprégnez-vous de son calme. Écoutez tous les bruits : les clapotis, les sauts de grenouilles, les cris d'oiseaux... Que ressentez-vous ? Quelles pensées vous viennent ?

_ _

---

4. La fontaine, la source

En ville ou à la campagne, au bord d'une fontaine ou d'une source, regardez le joyeux jaillissement de l'eau, écoutez ses gazouillis, ses crépitements, touchez sa fraîcheur. Que ressentez-vous ? Quelles pensées vous viennent ?

Quelques vers

« Sous le pont Mirabeau coule la Seine
Et nos amours
Faut-il qu'il m'en souvienne
La joie venait toujours après la peine[1]. »

Exercice n° 38 • Face à un paysage naturel

Il y a sans doute un paysage qui vous touche particulièrement : montagne, plaine, mer, désert, bois, jardin... La première fois que vous l'avez vu, vous avez été saisi par sa beauté. L'exercice suivant vous invite à profiter encore mieux de ces rencontres surprenantes.

1. G. Apollinaire, « Le pont Mirabeau », *Alcools*.

Goûtez l'émotion esthétique ressentie face à la nature en suivant les consignes ci-dessous.

1. Si vous découvrez soudain un paysage à vous couper le souffle, accusez le choc, puis observez-le intensément avec tous vos sens. Laissez les émotions en vous monter et s'exprimer. Vous vous sentez peut-être très petit face à tant de beauté, mais dites-vous que vous êtes grand aussi puisque vous pouvez la comprendre. Si le choc émotionnel, l'émotion esthétique est trop forte, appelez immédiatement un ami pour le partager. Enfin, photographiez ce paysage si vous le souhaitez.

2. Lorsque l'émotion est redevenue moins intense, notez en vrac tout ce qui vient de vous arriver : sensations, émotions, pensées…

Quelques vers

« Il me faut des torrents, des rochers, des sapins, des bois noirs, des montagnes, des chemins raboteux à monter et à descendre, des précipices à mes côtés, qui me fassent bien peur. […] ; car ce qu'il y a de plaisant dans mon goût pour les lieux escarpés est qu'ils me font tourner la tête ; et j'aime beaucoup ce tournoiement, pourvu que je sois en sûreté. […] je restais là des heures entières, entrevoyant de temps en temps cette écume et cette eau bleue dont j'entendais le mugissement à travers les cris des corbeaux et des oiseaux de proie qui volaient de roche en roche, et de broussaille en broussaille, à cent toises au-dessous de moi[1]. »

1. Rousseau, *Les Confessions*, Livre IV.

Exercice n° 39 · Face à un paysage urbain

« C'est beau une ville la nuit[1] », mais le jour aussi. Un paysage urbain peut vous surprendre au détour d'une rue, lors d'un coup d'œil dans une cour intérieure. Vous pouvez aussi être séduit par la vision plus dégagée offerte par une place ou une avenue. Soyez prêt à jouir de cet instant.

Goûtez l'émotion esthétique ressentie devant un paysage créé par l'homme en suivant les consignes ci-dessous.

1. Si vous découvrez soudain un paysage qui capte toute votre attention par sa beauté classique, son aspect insolite ou les personnages qui s'y trouvent, accusez le choc, puis observez-le intensément avec tous vos sens. Laissez les émotions monter en vous et s'exprimer. Dites-vous que vous êtes un humain devant une œuvre humaine, ressentez l'universalité. Si le choc émotionnel, l'émotion esthétique est trop forte, appelez immédiatement un ami pour le partager. Enfin, photographiez ce paysage si vous le souhaitez.

2. Lorsque l'émotion est moins intense, notez en vrac tout ce qui vient de vous arriver : sensations, émotions, pensées...

1. Richard Bohringer.

Quelques vers

« J'étais déjà dans une sorte d'extase, par l'idée d'être à Florence, ... J'étais arrivé à ce point d'émotion où se rencontrent les sensations célestes données par les beaux-arts et les sentiments passionnés. En sortant de Santa Croce, j'avais un battement de cœur, ... la vie était épuisée chez moi, je marchais avec la crainte de tomber. Je me suis assis sur l'un des bancs de la place ... ; j'ai relu avec délices ces vers de Foscolo, que j'avais dans mon portefeuille ... : j'avais besoin de la voix d'un ami partageant mon émotion[1]. »

Exercice n° 40 • « Un, deux, trois, soleil ! »

Vous souvenez-vous de ce jeu d'enfant, « Un, deux, trois, soleil ! » ? Les participants (sauf le meneur) se mettent en ligne à distance d'un mur. Le meneur se met face au mur et compte « un, deux, trois, soleil » pendant que les enfants se rapprochent du mur. Au moment où il dit « soleil », il se retourne et tout le monde doit alors s'immobiliser dans la position où il se trouve, même si c'est en équilibre. Celui qui est surpris à bouger est éliminé.

Effectuez des photographies virtuelles de ce qui vous entoure en suivant les consignes ci-dessous.

1. Quand vous marchez dans la rue, immobilisez-vous brusquement et d'un coup d'œil, balayez ce qui vous entoure. Saisissez les personnes autour de vous, et du regard, figez-les dans le mouvement qu'elles sont en train d'esquisser.

1. Stendhal, *Rome, Naples, Florence.*

2. Regardez chacune d'elles attentivement : qui est-elle ? Qu'est-elle en train de faire ? Où va-t-elle ? Laissez venir les émotions, les sentiments, les pensées que sa vision fait naître en vous.

3. Mettez ensuite des mots sur ce que vous venez de vivre pour en faire une synthèse.

Aujourd'hui, j'ai rencontré une jeune fille pressée de retrouver son amoureux, elle avait les joues roses et elle souriait, j'aurais bien aimé être à sa place...

Variantes

Cet exercice développera votre attention aux autres et vous permettra de trouver de l'intérêt aux choses les plus simples de la vie. Vous pouvez aussi le pratiquer dans la nature, même s'il y a moins de mouvements variés à capter. Vous pouvez également le faire dans les transports en commun ou si vous êtes passager dans une voiture.

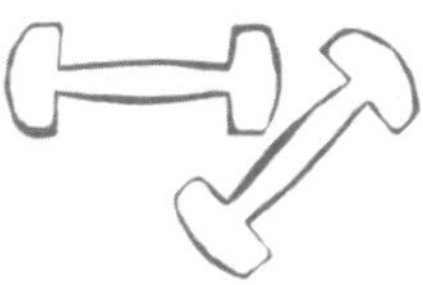

5

Vivre un moment privilégié à deux ou à plusieurs

Les exercices des parties précédentes vous ont aidé à reprendre possession de toutes vos facultés physiques et mentales, et à apprécier la beauté du monde.
Mais ce monde n'est pas notre terrain d'expériences personnel, il est peuplé d'autres hommes et d'autres femmes, d'enfants, d'êtres vivants de toutes espèces. Et parmi ceux-ci, il y en a qui nous sont chers et avec lesquels nous désirons établir une relation privilégiée.
La partie qui s'ouvre va vous inciter à développer votre attention à l'autre, et vous entraîner à partager avec lui toutes sortes de plaisirs simples.

Exercice n° 41 • Un moment privilégié avec un bébé

Nous vous proposons de vivre un moment de complicité avec un bébé, qu'il soit le vôtre ou celui d'un ami.

Pouponnez en suivant les indications ci-dessous.

1. Regardez le bébé, captez son regard et souriez-lui jusqu'à ce qu'il vous réponde (c'est ce qu'il fera si votre sourire est sincère).

2. Prenez-le dans vos bras et ne bougez plus. Ne parlez pas, respirez son odeur, sentez sa chaleur contre vous, souriez-lui.

3. Parlez-lui en le regardant dans les yeux et en lui souriant, dites-lui tous les mots qui vous viennent à l'esprit ; s'il vous répond, reprenez son langage.

4. Bercez-le, caressez-le, ressentez la douceur de sa peau, chantez pour lui. S'il s'endort, gardez-le encore un moment contre vous avant de le coucher.

5. Que retirez-vous de ce moment ? Que vous a-t-il apporté ?

Variante

Vous pouvez également pratiquer cet exercice lors du bain ou de la toilette du bébé, qui sont souvent des moments particulièrement intenses et appréciés de son quotidien.

Exercice n° 42 • Un moment privilégié avec un animal de compagnie

Nous vous proposons de vivre un moment de communication (silencieuse ou non) avec votre animal de compagnie si vous en possédez un.

Jouez au chat, au chien, etc., en suivant les indications ci-dessous.

1. Laissez votre animal vous solliciter, essayez de comprendre ce qu'il vous demande : veut-il un câlin ou souhaite-t-il jouer ?

2. S'il veut un câlin, répondez à ses gestes affectueux par le même genre de gestes (regard, coup de tête, caresse, ou juste contact). Parlez-lui ou restez en communication silencieuse, suivant ce qu'il a l'air de préférer. Soyez attentif à sa respiration et essayez de synchroniser la vôtre avec la sienne. Abandonnez-vous à sa chaleur, à sa douceur.

3. S'il veut jouer, laissez-le vous guider, ou proposez-lui vous-même un jeu qu'il aime bien d'habitude. Répondez-lui s'il vous « parle », soyez attentif au jeu.

4. Que retirez-vous de ce moment ? Que vous a-t-il apporté ?

Commentaire

Cet exercice vous ouvre à des modes de communication moins habituels, plus instinctifs, qui vont vous aider également à approfondir vos échanges avec les humains.

Exercice n° 43 • Un moment privilégié avec un enfant

Retrouvez votre âme d'enfant en partageant le jeu d'un bambin que vous aimez.

Jouez avec lui en suivant les indications ci-dessous.

1. Acceptez de jouer au jeu que l'enfant vous propose et demandez-lui de vous expliquer sa règle du jeu. N'essayez pas de lui imposer la vôtre, même si c'est la règle orthodoxe. (Bien sûr, n'acceptez pas un jeu dangereux et expliquez-lui votre refus dans ce cas.)

2. Lancez-vous dans le jeu sans arrière-pensée (par exemple « je vais être ridicule ») et donnez-vous à fond, comme l'enfant. Ne vous interrompez pas pour faire autre chose. Laissez-vous aller à vos émotions, riez, répondez à l'enfant sur le même ton que lui.

3. Si vous avez envie d'arrêter, prévenez-le et dites : « Pouce ! »

4. Après le jeu, demandez-lui s'il a passé un bon moment, s'il s'est bien amusé. Et vous, avez-vous pris plaisir à jouer de la sorte ? Que vous a apporté ce moment ?

Commentaire

L'enfant qui joue est plongé entièrement dans son jeu. Êtes-vous parvenu à faire de même ? Si vous avez réussi à oublier durant ce moment votre image, vos soucis, les choses que vous avez à faire, bravo !

Exercice n° 44 • Un moment privilégié avec une personne âgée

Passez un moment de douceur avec un proche âgé, et faites en sorte que le passé vous aide à savourer le présent.

Recueillez les souvenirs d'une personne âgée en suivant les indications ci-dessous.

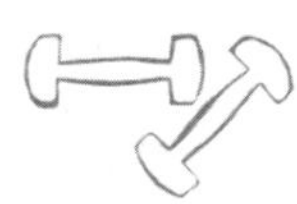

1. Quand vous rendez visite à un parent âgé, après les premiers échanges d'usage, demandez-lui de vous raconter des épisodes de sa vie.

2. Mettez-vous tout près de lui, de façon à bien l'entendre, à bien le voir et à pouvoir lui prendre la main s'il est ému, afin de partager son émotion.

3. Écoutez-le soigneusement, posez-lui des questions, réagissez à son récit, mémorisez-le pour pouvoir le transmettre à votre tour.

4. Regardez-le attentivement ; soyez sensible à ses traits, à ses expressions, à sa voix.

5. Offrez-lui vos réactions émotionnelles et accueillez les siennes. Si celles-ci sont très intenses, serrez-le dans vos bras, transmettez-lui votre chaleur aimante.

6. Le soir, retranscrivez son récit – que vous aurez peut-être enregistré, avec son autorisation – et remémorez-vous tout ce que vous avez recueilli auprès de lui. Que retirez-vous de ce moment ? Que vous a-t-il apporté ?

Commentaire

En agissant de la sorte, vous pouvez « emmagasiner » les traits, les expressions, la voix de cette personne et toutes les sensations et émotions qu'elle vous procure pour le futur, quand elle ne sera plus là…

Exercice n° 45 • Un moment privilégié avec une personne très malade

Si l'un de vos proches est très malade, vous pouvez retrouver un moment de lien fort avec lui.

Soyez présent jusqu'au bout, en vous inspirant des indications ci-dessous.

1. Si vous devez veiller une personne très malade que vous aimez, asseyez-vous tout près d'elle. Vous pouvez même, si vous êtes très proche, vous étendre à ses côtés. Dites-lui qui vous êtes si elle a les yeux fermés.

2. Regardez-la, écoutez son souffle et synchronisez votre respiration avec la sienne. Prenez sa main dans la vôtre et caressez-la doucement ; devinez ses mots et répétez-les si elle essaie de vous parler.

3. Soyez attentif aux changements d'expressions sur son visage, et s'ils traduisent de la douleur, tâchez de la soulager. Massez-lui doucement les épaules, ou laissez simplement votre main sur sa peau. Prononcez son nom de temps en temps, doucement.

4. Dites-lui ce que vous avez envie de lui dire. Certaines phrases peuvent s'imposer alors comme une évidence.

5. Que retirez-vous de ce moment ? Que vous a-t-il apporté ?

Commentaire

Votre simple présence aimante sera probablement appréciée par la personne que vous veillez. Par votre attitude bienveillante et respectueuse, vous pourrez lui apporter un peu de sérénité, qui rejaillira sur vous en retour.

Exercice n° 46 • Un moment privilégié avec un ami

Acceptez vos amis tels qu'ils sont et cultivez la confiance ! Cet exercice est à réaliser la prochaine fois que vous verrez l'un de vos meilleurs amis.

Fabriquez des bulles de tendresse en suivant les consignes ci-dessous.

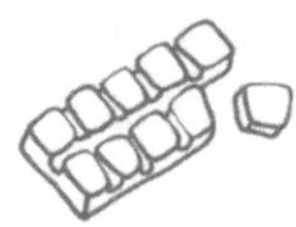

1. Réservez-vous une plage de temps exclusivement réservée à votre ami.

2. Dites-lui combien il est important pour vous et pourquoi vous l'aimez, les qualités que vous appréciez chez lui, les faiblesses qui vous font craquer, le rôle qu'il a auprès de vous.

3. Demandez-lui qu'il vous dise de même pourquoi vous comptez pour lui. Dites-lui que vous avez envie que votre amitié dure encore longtemps.

4. Comment avez-vous vécu cet échange ? Que vous a-t-il apporté ?

Commentaire

Même s'il n'est pas toujours évident de se livrer à cœur ouvert, vous repartirez « regonflé » de cette séance d'amitié partagée.

Exercice n° 47 • Un moment privilégié avec un amant

Les neurophysiciens ont fixé à quatre ans au maximum la durée de vie de la passion sexuelle entre amants. Pour continuer à vivre plus longtemps un désir et un plaisir partagés, il est important de cultiver l'érotisme.

Cultivez l'érotisme en choisissant de suivre parmi les consignes ci-dessous celles qui vous plaisent le plus.

1. Créez un rituel bien à vous qui redonne une dimension presque « sacrée » à votre relation sexuelle : champagne, tenue de soirée, dessous de soie et dentelles, bain parfumé, pénombre, simulacre d'enlèvement, etc. L'essentiel est que tous vos sens soient sollicités et que le décor et les accessoires choisis apportent de la solennité à la situation.

2. Massez-vous mutuellement, en cherchant à dénouer tous vos points de tension. Explorez de vos mains tout le corps de votre partenaire, puis transformez progressivement le massage en caresses ; utilisez vos mains, vos cheveux, votre langue, votre bouche, tout votre corps… Admirez le corps de votre partenaire et le vôtre ; ressentez le grain de sa peau sous vos mains, sa chaleur ; goûtez sa peau, sa bouche, toutes les parties de son corps ; écoutez ses soupirs, ses paroles ; respirez son odeur…

3. Exprimez librement vos envies, vos réticences, vos limites, vos fantasmes, puis essayez de nouveaux gestes dans ce cadre ainsi clarifié. Vivez-les pleinement avec tous vos sens en éveil.

4. Abandonnez-vous totalement à votre animalité.

5. Créez des mises en scène fantasmatiques.

Commentaire

L'essentiel est de favoriser un véritable échange des corps et des désirs. Ne vous limitez pas à la routine, osez tenter de nouvelles expériences, dans le plus grand respect des envies de chacun.

Exercice n° 48 • Un moment cocooning en famille

Organisez un brunch pour toute la famille, afin de partager un moment agréable et joyeux.

Suivez les indications ci-après.

1. Pensez à faire l'essentiel des courses un jour avant, afin de n'avoir à sortir que pour acheter le pain et les viennoiseries (ou les produits frais si le marché est devant votre porte).

2. La veille du jour choisi, mettez-vous d'accord avec tous les membres de votre famille sur l'heure de démarrage du brunch et préparez la table ensemble.

3. Laissez chacun se réveiller naturellement : les lève-tôt auront le droit de boire quelque chose avant l'heure ; les lève-tard rejoindront le brunch en cours de route. Les premiers levés peuvent commencer à préparer les éléments du brunch qui ont besoin d'être cuisinés ou apprêtés, suivant leur envie.

4. Le principe est simple : chacun s'installe à table où il veut et mange ce qu'il veut dans l'ordre qu'il veut. Faites en sorte que chacun prête attention aux autres, que tout le monde se regarde et se parle de tout et de rien.

5. Observez tous ces visages souriants autour de vous ; écoutez les voix qui se mêlent, chacune avec son timbre caractéristique ; sentez tous les parfums de ces mets simples et bons que vous dégustez ; goûtez à tout... Ressentez cette atmosphère légère, laissez les émotions naître et se développer en vous, prenez conscience de vos sentiments, soyez attentif aux pensées fugaces qui vous passent par la tête. Profitez du moment, dites ce que vous ressentez pour chacun.

Commentaire

Un sentiment de liberté et de bienveillance règne sur une journée qui démarre par un brunch familial, même si le temps est gris, si les nouvelles sont mauvaises ou si demain, des problèmes vous attendent au bureau...

Exercice n° 49 • Dans l'ambiance de la fête

Lorsque vous êtes invité à une fête, amusez-vous sans arrière-pensée, sans penser ni à avant ni à après. Soyez totalement dans le moment présent, festif bien entendu !

La prochaine fois que vous vous rendez dans une fête, suivez les consignes ci-dessous.

1. Arrivez sur le lieu de la fête de préférence ni dans les premiers, ni dans les derniers.

2. Faites le tour des personnes que vous connaissez, saluez-les, félicitez-les sur leur allure, leur bonne mine. Repérez les inconnus qui vous semblent attirants et allez leur parler. Souriez.

3. Buvez et mangez ce que vous aimez, mais savourez ce que vous absorbez. Offrez-en aux autres.

4. Entrez dans le rythme de la musique et dansez, invitez d'autres personnes à vous suivre. Chantez avec la musique si vous le désirez, dansez avec les pas et les gestes qui vous viennent. Regardez tous les visages joyeux autour de vous et souriez-leur.

5. Faites des pauses pour approfondir la connaissance de vos nouvelles rencontres. Interrogez-les sur elles-mêmes et pratiquez l'« écoute active », en montrant à votre interlocuteur que vous êtes attentif par votre regard, les expressions de votre visage, des onomatopées ou des petits mots l'encourageant à continuer, des questions, des reformulations...

6. Ressentez l'ambiance générale, soyez ouvert à toutes les sollicitations, verbales ou non, souriez, riez, criez, chantez, à l'unisson.

7. Enfin, quand vous vous sentez fatigué, prenez congé et partez.

Commentaire

En suivant les indications ci-dessus, vous « activerez » votre présence lors de la fête, ce qui vous permettra d'en profiter pleinement. Votre participation dynamique et joyeuse contribuera également à l'ambiance générale de la soirée, ce qui ravira vos hôtes.

Exercice n° 50 • Élaborez votre plan d'action

Vous venez de terminer des exercices qui vont ont permis de développer vos capacités à vivre ici et maintenant. Peut-être souhaitez-vous, à partir des constats que vous venez de faire, mettre en œuvre un plan de développement.

Remplissez le tableau ci-dessous en respectant les différentes étapes.

1. Définissez les objectifs d'amélioration que vous vous fixez à l'issue de la lecture de ce livre.

2. Réfléchissez aux moyens dont vous disposez pour cela. Notez la manière dont vous allez vous y prendre concrètement.

3. Enfin, fixez-vous des échéances raisonnables pour atteindre ces objectifs.

Objectifs de développement	Moyens envisagés	Échéances
1.		
2.		
3.		
4.		

Conclusion

Vous voilà arrivé à la fin de ce petit livre. J'espère que, grâce à lui, vous aurez su profiter de nombreux moments agréables, autres que ceux auxquels ces exercices vous auront entraîné. Je souhaite que vous ayez retrouvé votre énergie vitale et votre désir de vivre, sans lequel aucun plaisir n'est accessible.

Vous aurez ainsi entretenu l'élan que le « dernier homme », qui ne désire plus rien que le bien-être et la sécurité, et qui se moque du Zarathoustra de Nietzsche, a perdu : « "Amour ? Création ? Désir ? Étoile ? Qu'est cela ?" Ainsi demande le dernier homme et il cligne de l'œil[1]. »

1. Friedrich Nietzsche, « Prologue », *Ainsi parlait Zarathoustra.*

Pour aller plus loin

André C., « À la recherche du bonheur », *Sciences humaines*, hors-série n° 7, p. 72-73, 2008.

André C., *L'Art du bonheur*, L'Iconoclaste, 2009.

André C., *Les États d'âme*, Odile Jacob, 2009.

Bartoli L., *Comment améliorer son destin*, Payot, 2009.

Composé par Istria
Achevé d'imprimer : EMD S.A.S.
N° d'éditeur : 4030
N° d'imprimeur : 24015
Dépôt légal : novembre 2010
Imprimé en France

Cet ouvrage est imprimé - pour l'intérieur - sur papier Munken premium white 90 g des papeteries Artic Paper, dont les usines ont obtenu la certification environnementale ISO 14001 et opèrent conformément aux normes ECF et EMAS